赏邮阅史 说天津

○罗文华 著

天津社会科学院出版社

图书在版编目（CIP）数据

赏邮阅史说天津 / 罗文华著. -- 天津 ：天津社会
科学院出版社，2025. 5. -- ISBN 978-7-5563-1081-4

Ⅰ. G262.2-092

中国国家版本馆 CIP 数据核字第 2025U2F965 号

赏邮阅史说天津
SHANGYOU YUESHI SHUO TIANJIN
选题策划：韩　鹏
责任编辑：刘美麟
责任校对：付聿炜
装帧设计：高馨月
出版发行：天津社会科学院出版社
地　　址：天津市南开区迎水道 7 号
邮　　编：300191
电　　话：（022）23360165
印　　刷：北京盛通印刷股份有限公司
开　　本：880×1230　　1/32
印　　张：8.25
字　　数：175 千字
版　　次：2025 年 5 月第 1 版　　2025 年 5 月第 1 次印刷
定　　价：68.00 元

序

● 吴裕成

这是一部有关邮票的书。

面对五光十色的藏品，集邮者如数家珍，讲得有来道去，引人入胜。插册间那些打着齿孔的袖珍画面，或可如情境再现，展示岁月的纵深与宏阔；信封上那些盖着日戳的邮资凭证，或可有鸿雁般地起飞，导游于百态万物、大千世界。这是邮票的魅力，分享这魅力，应该说是一件很文雅的事。

罗文华先生以这部书做分享，话题围绕天津：邮票上的津沽风物，以及与集邮相关的津人津事。

本书由清代以天津为中心试办邮政开篇，是很自然的。在这座城市，坐落于解放北路的邮政博物馆——大清邮政津局旧址，那幢有着漂亮雕花的青砖大楼，两次荣登"国家名片"。《中国邮政开办一百周年》纪念邮票一套四枚，第一枚图案就是"邮政津局旧址"；《中国邮政开办一百二十周年》纪念邮票，四枚之首仍以"邮政津局"大楼构图，在邮史领域独领风骚。这座中西合璧的洋楼，是我国现存唯一一座清代邮政楼房，其见证了中国邮政的起步，也见证那个西风东渐与风云变幻的时代。

1878年（清光绪四年），岁次戊寅属虎的年份，不妨称为

"中国邮政元年"。这一年,成立海关书信馆,以天津为中心,将京、津、沪、牛庄(营口)、烟台五地间邮务向社会开放,收寄华、洋公众邮件。这一年,发行了中国第一套邮票,雕刻印刷的龙,图案印色分为红、黄、绿三种,面值不同。这具有标志性意义,虽然还不是几千年里服务于朝廷官府的邮驿制度的终结,但确是官、民共享的国家新邮政取代旧邮驿的开始。试办期间,由设在天津的邮务总办事处具体谋划,组织推广。两年后,海关书信馆易名海关拨驷达局。"拨驷达"为英文 post 译音,意即邮政。又过了四年,为适应业务量的发展,拨驷达局从海关公事房迁入新建的大楼。至 1897 年即光绪二十三年正月,海关拨驷达局原地不动换招牌,改称大清邮政津局,完成了从海关试办向建立邮政官局的过渡。本书写到了"客邮"。"邮"冠以"客",是指当年西方列强及东洋日本在中国非法建立的邮务机构。指使用自己国家的邮票,并在邮票上用自己国家的文字加印"中国"或中国的相关地名,这种邮票被称为"客邮邮票"。由此可见,推出了大龙邮票的海关邮政,对于"客邮"泛滥,是一种排斥。人们常说,近代百年看天津。其中,机器洋务、炮台国门,还有那风云狂飙的血与火,历史五味杂陈,屈辱与抗争并存,令人难忘;而近代邮政肇始,大龙邮票发行,也是挺亮眼的看点。

发行邮票是一种文化积累。随年月而不断增量的邮票,以严苛的选题筛选与考究的票面设计,将所承载的历史文化信息,汇为海量的图像数据库,在服务邮政的同时,造就了庞大的集邮群体。牵头试办邮政、谋划大龙邮票的城市,不乏集邮故事。如国际国内邮展屡获大奖的林崧，如 20 世纪 40 年代编著中国第一部邮票史书、50 年代出版《中国人民邮票图鉴》首次系统介绍解放区邮票的黎震寰，在文华先生的书中都有述及。书中介绍最早的邮展、早期的集邮组织和邮刊，对津门集邮史作了回顾。

邮票与天津，这话题饶有趣味。话题所及，三岔口是河海津沽的代表性景观；黄崖关被称为万里长城的"蓟辽天堑"；南开大学与天津大学是超百年的名校；侯德榜与"红三角"品牌是民族化学工业的骄傲；新中国建设塘沽新港；引滦入津助力城市发展；"水滴"体育大馆曾举办第 43 届世乒赛；还有杨柳青年画、泥人张彩塑；报史悠久的《大公报》，等等。这是罗文华先生作品的重头戏。他的构思是不求面面俱到，而是侧重文化，选择一些能够写出新意的交叉性题目，这就扩大了选题面。从《周总理牵手天津神户结友城》《邓颖超与天津的深厚感情》，到《西哈努克在天津谱写"第二故乡"》；诸如徐光启详记天津文庙、院士梁思礼在津的学生时代、法国元帅霞飞访津，美谈有之、史事有之，古今对话、中外交流，还提及动物园里的小象"米杜拉"，那是斯里兰卡总理赠送给中国儿童的礼物。

作为资深报人，罗文华先生有过文化记者的从业经历，又是多年副刊编辑，眼界宽，积累厚，文章好。他上小学时开始集邮，就像诗歌是文学少年的练兵场，集邮是许多收藏大家的入门课。文华先生集邮、集币、藏书、收藏紫砂器皿，有多种相关书籍出版。与先前不同，这部书稿侧重点在藏品之外。赏邮阅史说天津，是将邮票当作一扇窗口。为了追求"窗含西岭千秋雪"的佳境，写作中邮品三项——票、封、片兼及，大量藏品支撑他的写作，完成了一本图文并茂的书稿。

因笔者喜欢攒邮票，断断续续的集邮写作持续至今，文华先生希望我为他的新著写一点卷首文字。说起来，先有邮政史专家仇润喜的《信韵》，后有主打集邮小说作家王筠的随笔集，这次面对文华先生的《赏邮阅史说天津》，笔者已是第三次为邮友书籍作序。但愿今日的书写，能有些许推介意义。

2024 年 11 月 12 日于至随斋

目　录

**辉煌的
天津邮史** /001

中外发行的

天津题材邮票 /043

邮票中的

天津历史文化 /073

邮票上的
中外名城与天津 /185

中国邮坛上的
天津名人 /223

辉煌的天津邮史

中国近代邮政
始于天津

▶ 中华邮政开办 25
周年纪念邮票

1896 年 3 月 20 日，大清邮政宣告建立，中国近代邮政正式诞生。

天津，是中国近代邮政的发源地。1860 年天津开埠后，迅速成为中国北方的经济中心和外贸窗口，加之毗邻京畿，全国性的政治、经济、军事、外交活动云集，迫切需要信息的快速传递。1876 年，大清海关总税务司、英国人赫德请设送信官局。清廷总理衙门议定，由赫德主持，仿照欧洲模式试办邮政业务。1878年，天津海关书信馆率先收寄中外公众信件，中国近代邮政由此发端。1880 年，天津海关书信馆改称海关拨驷达局。1884 年，迁入法租界中街新址，即今解放北路与营口道交口东北侧。1896年 3 月 20 日，光绪皇帝批准开办大清邮政官局，中国近代邮政正式诞生。1897 年，天津海关拨驷达局改称天津大清邮政局，即大清邮政津局。

　　天津当时作为全国邮务管理中心和邮运组织中心，在中国邮政史上创造了许多"第一"，包括中国第一个邮政机构——海关书信馆、第一个邮政公告——"五一公告"、第一条邮路——津京骑差邮路、第一个邮政代办机构——华洋书信馆、第一套邮票——"大龙邮票"、第一长度的陆上邮路——万里邮路，等等。2016 年发行的《中国邮政开办一百二十周年》纪念邮票之中，首枚邮票即以大清邮政津局为背景，展开了百年邮政的历史画卷。

　　邮政的开办、推广与进步，真正实现了中国人古已有之的"永通万国"的梦想。坐落于天津解放北路的大清邮政津局大楼，是中国现存唯一的清代邮政局房。它是欧洲古典主义风格与中国传统砖雕工艺相结合的仿罗马式建筑，其转弯处的八角楼造型独特，像一个巨大的邮筒，面朝八方，体现着邮政业务四通八达之意旨。如今，此楼早已开辟为天津邮政博物馆，也是全国首家邮政博物馆。

　　1921 年，北洋政府邮政总局采纳交通部编译员鲍锞建议，发行了一套中华邮政刊办 25 周年纪念邮票（当时邮政总局隶属于交通部），主图为时任大总统徐世昌、国务总理靳云鹏、交通总长叶恭绰三个人的肖像。三人像呈"品"字形摆放，中上为徐世昌，右下为靳云鹏，左下为叶恭绰。其中徐世昌、靳云鹏皆为天津近代史上的重要人物。全套邮票共四枚，其中面值三分的一种为蓝绿色。此前中国邮政确实发展迅速，1914 年加入万国邮政联盟，1920 年首次参加万国邮联大会，其成就值得纪念。

　　邮政总局原定在 1921 年 3 月 20 日，即中华邮政开办 25 周年之日发行此套邮票，但由于提议太晚、设计时间太紧，未能如愿。直到 1921 年 5 月，才审定最后的印样。当年 10 月 10 日，邮票正式发行。

　　在这枚中华邮政开办 25 周年纪念邮票上，盖有"津浦"字样的邮戳。津浦铁路是一条由天津通往南京浦口的铁路干线，1912 年全线筑成通车。1914 年，成立了津浦铁路行动邮局。这个邮戳，同样印证了这枚邮票与天津的渊源。

"中国邮政元年"
发行大龙邮票

► 天津邮政博物馆收藏的
三分银大龙邮票

　　爱好集邮的天津文史专家吴裕成先生提到过一个颇有意义的词语，叫作"中国邮政元年"。

　　清光绪四年（1878）早春，津海关税务司德璀琳受命，以天津为中心，在北京、天津、烟台、牛庄（营口）、上海之间试办邮政。同年 3 月 23 日，德璀琳在天津发布公告，开始收寄中外公众信件，中国近代邮政由此发端。因为邮政由海关试办，初时就叫海关书信馆。天津海关书信馆设在海河岸边海关大公事房内。在这里，德璀琳筹划了中国第一套邮票——大龙邮票的印制和发行。同年 7 月 24 日，大龙邮票首发于天津。1878 年因此便被称作"中国邮政元年"。

　　大龙邮票，一套三枚，面值分为一分银、三分银、五分银。不同的面值以不同的颜色区分，面值用银两计算，一分银为绿色，三分银为红色，五分银为橘黄色。邮票上"大清邮政局"五个汉字十分醒目。邮票上方标有"CHINA"（中国），下方标有"CANDARINS"（海关关平银之单位"分"）字样。邮票上的图案正中绘有一条五爪蟠龙，双目圆睁，腾云驾雾，呼之欲出，蟠龙上下衬以云彩水浪，这是沿袭历来封建帝王以"龙"自喻的习惯，其用意与当时英国邮票采用维多利亚女王头像相似。又因票幅较大，集邮界习惯称其为"海关大龙""大龙票"或"大龙邮票"。

1937 年 3 月，天津第一次正式的邮票展览——世界邮票展览会在天津市美术馆举办，当时面世已近半个世纪的大龙邮票参展，重新引起观众的浓厚兴趣。1948 年 4 月 19 日《申报》介绍大龙邮票道："当初因为印刷术不精，图案都是逐枚用手工刻成，所以龙身周围的云彩，以及龙爪的地位、边缘的阔狭，多少总有点差异。这些，到今日都成了集邮家们鉴赏和论价的标准。这种'大龙邮票'流传数目有限，其中或许有印刷模糊不清，图案线纹中断，甚至字体笔画稍有短长的，集邮家更奉为瑰宝。方寸废纸，每枚时价最低需美金六元，最高要美金五百元以上。"足见大龙邮票历史价值、艺术价值和收藏价值之特殊。

由于海关试办邮政初期机构尚不健全，缺少明确的文字记载，关于大龙邮票在 1878 年首发的具体日期，在 20 世纪 80 年代以前颇不明晰。1925 年，上海"邮王"周今觉先生首提"12 月说"。理由一是据其所藏及所见大龙邮票数百枚上盖销的日戳最早为 1878 年 12 月，二是上海海关出售邮票的通告为 1878 年 12

月 16 日发布。1931 年，周今觉将 "12 月说" 修正为 "10 月说"。原因是 "购得 5 分大龙型票一枚，其邮戳日期为 1878 年 10 月 2 日，地点为北京，乃知北方京津一带发行日期，实较早于上海"。约在 1940 年，天津邮局邮票发行总经办人徐家麟在与集邮家黎震寰先生聊天时，讲到其岳父于生日当天（农历戊寅年六月二十五日，即 1878 年 7 月 24 日）在天津购买大龙邮票的事。不久，黎震寰无意中与天津邮票会副会长李东原谈起此事。李东原正在天津东马路青年会主持集邮讲座，便让这故事上了讲台。此事又经 1940 年 7 月第一卷第三期《天津邮刊》广而告之，"7 月 24 日说" 不胫而走。四十余年后，黎震寰先生旧话重提。天津集邮家杨耀增先生在 1982 年 6 月《集邮》杂志上引述黎震寰讲的旧事，力主 7 月 24 日发行之说。半年后，上海集邮家杜圣余先生在 1983 年第 1 期《集邮》杂志上披露了自己的最新发现："由津海关填写、于 1878 年 7 月 24 日收到大龙邮票五分银的'收发文联系单'。"杜圣余等据此认为，德璀琳作为当时全国海关邮政主管，在收到邮票的当天即在天津公开发售是合乎情理的。在确定大龙邮票于 1878 年 7 月 24 日在天津发行的过程中，天津邮政史专家仇润喜先生等人作了大量的考证和宣传工作。经过多年研究，集邮界对大龙邮票首发日的看法渐趋一致。

历史的机缘，天津成为中国第一套邮票——大龙邮票的故乡。作为世界珍邮的大龙邮票，不仅是中国创办近代邮政的标志，也是天津在中国近代化进程中率先垂范的一个重要标志。

李鸿章
与天津邮政

▶ 天津邮政博物馆收藏的
　 一分银大龙邮票

　　第七批"中国 20 世纪建筑遗产"项目于 2023 年 2 月公布，天津邮政博物馆所在建筑大清邮政津局大楼名列其中。"中国 20 世纪建筑遗产"项目自 2016 年首次公布项目名录以来，已向业界及社会推介了 7 批共 697 个"中国 20 世纪建筑遗产"项目，涉及十余种建筑门类，时间跨度百余年。这些建筑遗产项目不仅紧随《世界遗产名录》的方向，还丰富了中国建筑遗产保护的类型。

　　天津邮政博物馆依托大清邮政津局旧址而建，位于天津市和平区解放北路 109 号，历史上曾是清代海关邮局及"大清邮政津局"的办公地。该建筑始建于 1884 年，迄今已有 140 年历史。它是中国现存唯一的清代建造的邮政局房，具有独特的建筑风格。该建筑为二层带半地下室砖木结构，系典型的仿罗马式建筑，外表采用清一色的中国青砖砌筑，立柱采用罗马券柱式设计，窗间墙用精细的青砖雕饰，特别是以中国传统的砖雕技术雕刻西洋的古典花饰如毛茛草叶、甘菊花、珠饰等，于淳朴中见精巧，自然和谐，颇具特色。

2023 年适逢曾长期主政天津的晚清名臣李鸿章诞辰 200 周年。李鸿章以天津为基地和枢纽，主导并促成中国邮政的创建，功不可没，值得研究。

第二次鸦片战争后，天津迅速成为中国政治、外交、军事的核心城市。李鸿章身兼直隶总督、北洋大臣、太子太傅、文华殿大学士等显赫职衔，既是排在第一位的封疆大吏，又是清朝中央政府在政治、外交、军事、实业等重要领域的核心人物。李鸿章的直隶督署衙门被冠以清廷"中枢"之称，朝野上下甚至有天津实系"天下兴废之关键"之说。李鸿章在天津主政时期，天津在中国近代发挥了极为重要的政治作用。天津的特殊重要性，还体现在它是近代洋务运动的中心城市。洋务派为实现中国近代化，学习和引进了西方很多先进技术和制度，同时引进了一批新奇的设备，加上各国租界的设立和繁荣，使得天津处在中国对外贸易的最前沿，开放程度很高，许多方面领中国风气之先。在洋务运动中，天津成为中国人"师夷长技以制夷"的大课堂和实验场，同时也成为中国人模仿和创造近代文明的基地。李鸿章1896 年在纽约答美国记者问时说："清国政府非常高兴地欢迎任何资本到我国投资……资金和技工由你们提供。但是，对于铁路、电讯等事务，要由我们自己控制……"李鸿章在天津亲自主办一系列重大洋务事业，使天津迅速成为以近代军工和民用企业为主干的工商业与进出口贸易基地。中国近代邮政事业也随之在天津发轫。

1876 年，因"马嘉理事件"，中、英在烟台谈判，清政府以北洋大臣李鸿章为全权代表，英国则以驻华公使威妥玛为代表。谈判开始前，受总理衙门委托，海关总税务司赫德出面斡旋，所拟"劝结滇案"七条中即有开办邮政的条款。该条款事先得到总理衙门及李鸿章的认可。此议虽因威妥玛作梗最终未能如愿，却促使李鸿章、赫德、德璀琳等人下决心试办邮政。1877 年 3 月，烟台海关税务司德璀琳呈赫德一份"备忘录"，详述开办邮政计划。9 月，德璀琳擢升津海关税务司，试办邮政进入实际操作阶段。赫德关于设立送信官局的建议得到总理衙门批准，李鸿章建议以天津为中心，在北京、天津、烟台、牛庄（营口）、上海等五处海关，仿照欧洲办法试办邮政。1878 年 3 月 9 日，赫德赴欧洲前拜会李鸿章，决定将此计划指派德璀琳全权负责实施。1878 年 3 月 23 日，津海关税务司德璀琳发表公告，海关书信馆对外开放，收寄华洋公众信件。从这一天开始，中国公众有了使用官办邮政传递信息的权利，中国近代邮政由此发端。紧接着，开辟津京骑差邮路、发布"五一公告"、发行"大龙邮票"……短短四个月时间，中国近代邮政已现雏形。

然而，邮政试办未经皇帝批准，给朝野反对派以口实。尽管总理衙门一再承诺"俟办有规模，再行请旨定设"，但谕旨迟迟未见，李鸿章自有其难处。邮政史专家仇润喜先生曾撰文介绍，

　　当时津海关道郑藻如写信给李鸿章，对邮政横加责难。李鸿章敢于担当，在复函中对这种抵制新生事物的短视观念予以反驳。他郑重表示："若虑因此或有龃龉，别滋物议，鸿章敢任受之，于执事无涉也。"近代邮政试办初期栉风沐雨，1905 年完成的《大清邮政光绪三十年事务通报总论》评价李鸿章为之"提倡鼓舞""鼎力成全"，可谓实至名归。

　　还需一提的是李鸿章的嗣子李经方，曾随李鸿章长期在天津读书，后来襄助李鸿章参加过很多重要的外交活动。宣统二年十二月（1911 年 1 月），李经方调任邮传部左侍郎。他经过多次交涉，终于将长期被外国人把持的邮政业务从税务司转回邮传部管辖，并兼任中国首任邮政总局局长。

近代"客邮"
在天津

▶ 在意大利邮票上加印外文
"天津"字样的"客邮邮票"

　　坐落在解放北路与营口道交口东北侧的天津邮政博物馆，为大清邮政津局旧址。在它北侧紧邻的楼房，是近代德国客邮局旧址。由于解放北路德国客邮局旧址楼前没有专门挂文物保护和风貌建筑说明牌，其建筑风格又与大清邮政津局旧址大楼接近，所以一般市民和游客便容易认为它是大清邮政津局旧址大楼的一部分。目前天津邮政博物馆除了使用大清邮政津局旧址外，也使用了德国客邮局旧址的一部分房屋办公，它们在内部是连通的。

　　清朝乾隆以后，来华贸易的西方商人不断增多，贩卖鸦片的走私船只活动频繁。他们于福建、广东沿海趸船上或贸易监督驻所悬挂本国信箱，供其侨民通信使用，成为侵犯中国邮权的开端。鸦片战争前后，英国更无视中国主权，擅自在广州、香港等通商口岸开设英国邮局，其他国家群起效尤，明目张胆地侵犯中国主权。鸦片战争后，西方列强加紧了对中国的侵略。它们非法在中国的土地上设立本国邮政机构，名曰"客邮"。

这些非法的"客邮"机构，一般办理各种邮件、包裹、汇兑等业务，执行各自国家邮政章程和邮资标准，按其国内资费收取寄往该国的国际邮件，贴用本国邮票或任意加字的中国邮票，盖销外文邮戳。有的还擅自开辟邮路，揽收中国商民邮件，使用外国邮袋装运来往邮件，不受中国海关检查，甚至以此为掩护，从事走私、运毒、偷税等活动。

各国"客邮"机构在中国使用自己国家的邮票，并在邮票上用自己国家的文字加印"中国"或中国的相关地名，这种邮票被称为"客邮邮票"。

天津作为首都的门户、中国北方的经济中心，也成为近代最早的对外通商口岸之一，西方列强在天津先后强行划定了九国租界。八国联军侵华前后，列强国家纷纷在天津设立本国邮局和野战邮局，为其侨民及侵略军服务。

列强中的德国、俄国、法国、英国、日本、意大利等，都在中国及天津非法开设过邮局（客邮局）。据1914年4月直隶邮务管理局调查，当时列强在直隶邮区内非法设有邮局16处、军事邮局1处、代办信柜1处、代办售票所6处、信箱33具。其中，日本在天津设邮局2处、代办信柜1处、代办售票所2处、信箱7具，在塘沽设邮局1处；英国在天津设邮局和军事邮局各1处、信箱2具；德国在天津设邮局1处、信箱4具；法国在天津设邮局 1 处、信箱 1 具；俄国在天津设邮局 1 处、信箱 1 具。

以本文开头所述德国客邮局为例。德国于 1889 年在天津设立"上海德国邮局分所"，两年后升格为邮政局，局址在英租界维多利亚道德国领事馆内，即今解放北路利华大楼北侧金城银行旧址。八国联军侵华战争后，德国客邮局迁至法租界大法国路，即今解放北路大清邮政津局旧址北侧，另在德、英、法租界内设置信箱 6 具。八国联军入侵天津时，德国设有随军的军邮机构，并在塘沽兵营内设有军事邮局，办理驻军家书和军事邮件。德国客邮局经办各种邮件、包裹及汇兑业务，因设局较早，英、法、美、德等国侨民多到此交寄邮件，并吸引部分中国商人来此办理汇兑业务。该局海路运邮利用亨宝轮船公司天津至上海间的航线，陆路运邮则利用京奉、津浦铁路运输，邮件投递范围以天津各国租界区为限。塘沽德军邮局由于侵华战争后德国军队撤退，遂于 1906 年裁撤，并入德国客邮局内。第一次世界大战期间，1917 年 3 月中国政府与德国绝交，迫令各地德国邮政机构一律停止营业，由当地政府派员看守。1917 年 4 月 15 日，天津的德国客邮局被关闭。

中国于 1914 年 3 月 1 日加入万国邮联组织后，各国客邮机构仍然存在。经过多次斗争，1922 年 2 月 1 日在华盛顿召开的太平洋会议上终于通过了关于 1923 年 1 月 1 日前撤销在华客邮机构的决议案，各国邮局相继撤销，但在一些边远地方直到全国解放后的 20 世纪 50 年代才撤销。

多年来，笔者在天津集邮市场搜集到很多种"客邮邮票"。

除了存有在意大利邮票上加印外文"天津"（Tientsin）字样的邮票外，还存有法国在法属印度支那邮票上加印外文"蒙自""北海""琼州""广州湾"等字样的邮票。此外，还收藏有沙俄在奥斯曼帝国的"客邮邮票"，包括奥斯曼土耳其，另加印有属于今天叙利亚、黎巴嫩等国的很多地名。在近代，这些国家与中国有着相同的遭遇。

天津最早的
邮展

► 世界邮票展览会展出的
波斯邮票

　　世界上最早的邮展，一般认为是 1852 年由比利时地理学家温地美伦在布鲁塞尔举办的个人邮展，共展出 88 枚邮票。中国最早的邮展于 1914 年 7 月在福州三牧坊第一中学举办，但这次展览不是专门的邮展，而是借福建展览会之机同期举办两周，展出了由福州邮商魏叔彝和美国人卜威利提供的中外邮票。福州城内邮局在展场设立临时邮局，并刻用两种纪念邮戳。1918 年 5 月 10 日至 12 日，江苏常州人魏士熙、左起喜等人在武进商会图书馆（今常州市人民公园）举办了世界邮票展览会。这次邮展是中国第一次现代意义的专门性邮展，后来被集邮界公认为中国现代竞赛性邮展的雏形。20 世纪二三十年代，中国南方地区举办邮展较为频繁，上海、杭州、重庆、广州等大城市都多次举办过邮展。20 世纪 30 年代，邮展逐步向北方发展，天津、开封等大城市在 1937 年也开始举办邮展。

　　天津最早的邮展，名为"世界邮票展览会"，由天津市美术馆于 1936 年开始筹备。天津市美术馆坐落在河北第二公园（今河北区中山公园）内，当时该馆办展已经很有名气，但举办此次邮展场地显得狭小，于是报请教育局予以扩充，将长期展览部所在平房翻修，改建成立体形新式楼房。

　　至 1937 年 2 月底，邮展筹备工作完成。参展的著名集邮家宋勉伯、雷润生等，各有珍品多种，如慈禧纪念邮票、木刻所印"宜昌"邮票、新疆航空邮票、外国人在中国贴用的"客邮"等，共有数千件。其中宋勉伯的展品有中外邮票一百组，每组十余种。中国邮票部分，自光绪四年（1878）以前发行的商埠票（内有木刻邮票）至最近通用的邮票，无所不备，蔚为大观。雷润生的展品有中国邮票五十组，附有邮政局最早所用龙图（邮局代封）签纸、欠资票、各种航空邮票、纪念邮票、邮戳蓝印、快信回条等，珍品甚多。展出邮票涉及的国家和地区，包括中国、英国、美国、法国、意大利、俄国、德国、日本、朝鲜、波斯、土耳其、亚美尼亚、印度、锡兰、马来亚、菲律宾、荷兰、丹麦、比利时、罗马尼亚、西班牙、瑞士、奥地利、匈牙利、捷克斯洛伐克、乌克兰、墨西哥、加拿大、萨尔瓦多、尼加拉瓜、古巴、暹罗、汉志、希腊、阿比西尼亚、巴西，以及列强在非洲的属地等。

　　1937 年 3 月 1 日，世界邮票展览会在天津市美术馆开幕，参观者络绎不绝，集邮家们更是流连忘返。据《大公报》报道，展品中特别引起观众注意的，是"著匪孙美瑶在山东抱犊崮发行之邮票两种，系严台孙先生所藏，均为石印，一红色，一黄色，为外间罕见者"。而那些限省贴用的高额票、纪念票，以及未使用过的各国四方联票等，颇令囊中羞涩的青少年集邮爱好者们垂涎。

邮展期间，不仅天津的集邮家们非常兴奋，而且一些邮票经营者也抓住商机，推广商品。如寰球邮票社及时在报纸上打出了"优待集邮家"的广告："集邮早被认为是最高尚娱乐品，且借此对世界人物、地理、历史、物产以及历代变迁、民族风俗等各种学识获益匪浅……吾国事事落后，集邮亦非例外。欧美各国以邮票换来之款，每年何止千百万金元。近年国人对凡百事业深知努力，集邮家亦日见增多。本市河北公园后佑安里四号寰球邮票社，为倡导起见，各种邮票以最低之价优待主顾……"

世界邮票展览会为期七天，共有四千多人到场参观，各地集邮家纷纷来函索要展品目录，盛况及反响可想而知。邮展主办单位本来打算转年再举办一次更大规模的展览，却因七七事变的发生而未能实现。天津第一次邮展的成功举办，促进了天津及华北地区集邮活动的繁荣和发展。

"临城劫车案"
与"土匪邮票"

　　2022 年 3 月 25 日拙文《天津最早的邮展》在《中老年时报·沽水巡邮》栏目刊发后，有读者来信，希望了解该文中提到的"著匪孙美瑶在山东抱犊崮发行之邮票两种"的具体情况。现据相关史料，予以介绍。

　　1923 年 5 月 6 日凌晨 2 时 30 分，一列快车正沿津浦铁路向北奔驰，车内的旅客大都进入梦乡。当列车行驶到山东临城（今枣庄市薛城区）与沙沟之间时，司机突然发现，前面不远处的铁轨被拆掉了一段。司机紧急刹车，但还没等列车停稳，四周便响起激烈的枪声。以孙美瑶为首的一帮土匪从漆黑的夜色中蹿出来，将列车包围住，对车内旅客逐个进行抢劫，旅客随身携带的钱财、首饰等被洗劫一空。他们没有善罢甘休，又把一百多名旅客绑架到山东枣庄东北方的抱犊崮。在被绑架的旅客中，有二十多名是外国人。因此，"临城劫车案"迅速成为中外瞩目的重要新闻。

事件发生后，英、美等国立刻向北洋政府提出强烈抗议，要求北洋政府不惜一切代价保证人质安全，并在最短的时间内解救人质。大总统黎元洪急电山东督军田中玉，命令他对孙美瑶进行围剿。田中玉派军队前往枣庄剿匪。为保障人质安全，北洋军不敢贸然向前。最后，双方达成协议，由当时在上海经营广告业的美国商人卡尔·克劳做中间人，负责双方的沟通与联系。

克劳和他的助手麦根以美国红十字会及美国商会代表的名义来到临城，给那些被扣押的旅客送来食品和衣服，同时，还为旅客带来他们的信件。旅客如果要投寄信件，也由克劳代劳。这些信件装在一个木箱子里，箱子上面用英文写着"土匪邮政"。装有信件的箱子首先被送到临城，交到邮局，再寄往全国各地。克劳在枣庄外闲逛时，发现一家小刻字店，便联想到邮寄信件时也应该有"土匪邮票"。第二天，他们把连夜设计好的邮票样图拿到刻字店，要求老板按样图刻出模板，并且愿出双倍的价钱。于是，历史上第一枚"土匪邮票"就这样产生了。

"土匪邮票"共有两种面值：5分和10分。两种邮票都是木刻的，长方形，周边无齿。第一次各印了300枚。5分邮票上面有一座小山，代表旅客被扣押的地方抱犊崮，邮票的两边分别用中文和英文写着"抱犊崮"字样。由于刻字人的疏忽，误将"5CENTS"刻成"50CENTS"，从而使5分邮票变成50分邮票，以致成了错票。但这种邮票在使用时，仍然当作"五分大洋"。

它是用红色的纸张印刷的。10分的邮票上面除了面值，只有"抱犊崮土匪邮政"的英文字样，是用黄色的纸张印刷的。

克劳把印好的邮票带给沦为人质的旅客，有的旅客为了信件能够顺利寄出，不得不掏钱购买这种"土匪邮票"。而在孙美瑶那些土匪中，没有人懂英文，也就不知道上面写着什么，所以没有一个人对这些"土匪邮票"产生怀疑。很快，"土匪邮票"在社会上名气越来越大，并且在收藏家中间迅速升值。天津邮政局发现了这件事情，派人到枣庄弄清真相后，作出决定：今后凡是贴有"土匪邮票"的邮件，不论是否贴有正式邮票，一律不予投寄。1923年6月13日，在"临城劫车案"中被绑架的人质终于全部被释放，在社会上发行了一个多月的"土匪邮票"也便正式收场。后来，这种"土匪邮票"越来越珍贵，被称为"世界上唯一由罪犯开办的邮政所"发行的邮票，收入吉尼斯大全。

在"临城劫车案"中负责剿匪的山东督军田中玉，早年毕业于天津武备学堂。劫案平息后，田中玉引咎辞职，寓居天津，投资纺织、金融及房地产。田中玉住宅位于天津法租界圣路易路（今和平区营口道42号），砖木结构三层楼房，主入口用四根超大尺度的爱奥尼克柱支撑三角形山花，形成两层楼高的门厅，气势宏伟。此楼建于1922年，现为重点保护等级历史风貌建筑。

1937年3月在天津市美术馆举办的世界邮票展览会上引起参观者极大兴趣的"著匪孙美瑶在山东抱犊崮发行之邮票两种"，系严台孙先生所藏。严侗（字台孙），名侗，是天津近代著名学者、教育家、书法家严修（字范孙）之族弟。严修与严侗，以"文献通考严范孙，析津志乘严台孙"相媲美。严侗不仅是著名书画家、藏书家、收藏家，还曾任直隶省立第一图书馆馆长。

天津早期
集邮组织

► 天津邮票会展示交流的
　纽芬兰邮票

　　天津是中国近代邮政和邮票的诞生地，也曾是全国邮务管理中心和邮运组织中心，加之经济文化发达，集邮条件得天独厚，成为中国最早开展集邮活动的城市之一。天津的集邮者最初是在海关、邮政、铁路、洋行等部门担任要职的外国人，以及与外国人经常接触的华籍员工、高级职员等。随着集邮人数的不断增加，20世纪二三十年代天津出现了调剂邮品流通的邮票社，知名的有"文利""国华""盛大""久华""小琅环""沛记"等几家，后来一些古玩店、钱摊等也兼营邮票业务。1937年3月在天津市美术馆举办了"世界邮票展览会"，作为中国北方地区的首次邮展，对推动集邮活动的开展产生了重要影响。

　　随着日本侵略势力日渐逼近，上海的"中华"、杭州的"新光"两大邮票会受形势影响，会务趋于停顿状态。卢沟桥事变爆发后，郑州的"甲戌"邮票会西迁大后方，华北集邮界更显得异常沉闷。天津因为尚有租界存在，成为华北的"孤岛"，商贾云集，文人相聚，北平的一些著名邮商也迁至天津经营。在 1939 年夏季一次邮友聚餐会上，有人倡议在天津成立一个集邮组织。后由热心的集邮家雷润生、李东园、范兰如、冯国栋、宋慧泉、张伯江等分头奔走，筹备成立之事。不料 8 月间洪水侵入天津，建会之事只能暂时搁浅。到了 1939 年末，筹备工作得以恢复，草拟出成立宣言和会章。宣言中说："按津市为华北通商巨埠，人文荟萃，集邮人士日益增加，极应组一研究集邮的团体，借资联络、共同研讨。盖邮学一道，虽属微小，而极复杂，不有研究，何能进益……"明确提出这是一个注重学术性的集邮组织。

1940 年 1 月 7 日，天津邮票会成立大会在法租界永安饭店（位于今和平区新华路）举行，选举雷润生、李东园为正、副会长，并决定发行《天津邮刊》及举办邮票拍卖等事宜。以雷润生供职的英租界新泰兴洋行（位于今和平区解放北路）为天津邮票会会址。同年 9 月 25 日，天津邮票会在法租界正式注册并被批准在案。

天津邮票会会长雷润生（1891—1963）是著名邮商，河北冀县（今河北省衡水市冀州区）人。他以收集中国信销票为主，兼集外国在华邮局邮票和变体票。天津邮票会成立后，在其资助下开展活动。副会长李东园（1901—1979），天津人，童年就读于教会学校时受传教士影响而开始集邮。他主要收集清代邮票、商埠邮票、外国在华邮局邮票，藏有多种民国初期的试印样票，在邮票史研究方面有独特见解。除邮票外，还收集钱币。

天津邮票会成立不到一年，会员就发展到四百多人，成为沦陷时期华北地区大型集邮组织，其中包括陈复祥、张包子俊、张赓伯、郭植芳、王纪泽、钟笑炉等著名集邮家。

天津邮票会组织的邮票拍卖会每月举行两次，地址一般在泰康商场（位于今和平区和平路）；如遇稍大规模的拍卖活动，非会员也可参加时，则改在永安饭店或巧佳饭店（位于原法租界内）举行。每逢珍罕品，大家共同鉴定真伪，公平估价，所以成绩斐然。拍卖活动持续两年多，共举办 27 次，从未发生过退票纠纷。拍卖佣金收入，是邮票会经费主要来源之一。

但是好景不长。1941 年 12 月 7 日，太平洋战争爆发，日军随即进入租界，对沦陷区加强控制，禁止结社、集会。随后，华北伪政府宣传部门通知各报刊，所有出版物必须添印反共反人民的标语，否则一律不准出版发行。天津邮票会负责人坚持民族气节，不向日伪低头，遂停办《天津邮刊》并停止邮会活动。

抗战胜利后，1946 年 3 月 31 日，天津邮票会正式复会，更名为"天津邮币学会"。

天津早期
邮学刊物

► 民国时期盖有天津军粮城
地名邮戳的邮票

　　世界上第一枚邮票于 1840 年在英国发行，集邮活动随之产
生。集邮活动的不断发展，催生了邮学及相关刊物。1862 年 10
月，世界上第一种集邮杂志《新知月刊》在英国出版。同年 12
月，另一种集邮杂志《广告月刊》出版，次年更名为《集邮家评
论》。1878 年在法国巴黎举行了第一次国际集邮会议，有 20 个
国家代表参加，会后出版了《国际集邮会议录》，是世界上最早
的国际集邮文献。

　　1878 年，天津海关书信馆率先收寄中外公众信件，中国近
代邮政由此发端。1880 年，天津海关书信馆改称海关拨驷达局。
同年 5 月，《花图新报》在上海创刊，由清心书馆发行，该报刊有
介绍集邮的文章。1912 年，在上海的外国人成立上海邮票会，有
中国人参加。1916 年 7 月，上海《中华小说界》月刊开辟集邮专

栏（副刊）"邮乘"，是中国最早的集邮专栏（副刊）。1918年2月，中国"世界邮花联合会"出版中文集邮杂志《邮志界》，是我国最早的中文集邮刊物。1922年在上海成立的神州邮票研究会，1925年改名为中华邮票会，是中国早期集邮活动有影响的组织，先后出版过《邮乘》《邮学月刊》《邮典》《邮讯》等刊物。1926年，周今觉（清代署理直隶总督兼北洋大臣周馥之孙，有"邮王"之称）主编的《邮乘》作为中国的集邮文献首次在美国纽约举办的国际性邮展获奖。1925年在杭州成立的新光邮票会，也是中国早期著名的邮会，先后发行《邮票新声》《新光月刊》《新光邮票杂志》《新光》等会刊。1934年甲戌邮票会在郑州成立，出版《甲戌邮刊》，在中国北方具有一定的影响。

1940年1月7日，天津邮票会成立，决定发行《天津邮刊》。同年3月30日，《天津邮刊》正式创刊。起初由天津邮票会副会长李东园负责编辑，后来编务改由著名邮学家黎震寰负责。该刊由坐落在法租界劝业场附近的天津书局代理总发行。

《天津邮刊》为32开本，封面彩色套印，1940年3月至11月出版六期定为第一卷，1941年3月至12月出版四期定为第二卷，先后出版共十期。该刊为抗战时期华北地区唯一的邮会刊物，在海内外影响较大。《天津邮刊》发表的一些文章，如《新疆木戳航空票之研究》《德璀琳邮集飘零录》《民国试印票考》《清邮戳之演变》等，至今已成为具有重要参考价值的文献。

《天津邮刊》创刊之时即言明"本邮刊材料新颖，文字简单，务以引起集邮界之兴趣、普及邮识为主旨"，因此对效忠于日本帝国主义的傀儡政权发行的邮票一律不加以粉饰，不为日伪政权操纵和利用。1941年7月，由于《天津邮刊》未对伪政权发行的邮票加以宣传，引起华北伪政权极度不满，该刊的出版受到百般阻挠，不得不延期发行。编者在第二卷第三期发表文章《心弦衷曲》，话里有话地表示："在荆棘满地、风雨飘摇的恶环境里，使我们这微如草芥的小小刊物仍能赛细线般的绵绵长久，虽然有时出版的期限略见延迟，并不是办事人诚心脱懒，故意延迟……"

1941年12月7日，太平洋战争爆发，日军随即进入租界，对沦陷区加强控制。华北伪政权宣传部门通知各报刊，所有出版物必须添印反共反人民的标语，否则一律不准出版发行。天津邮票会负责人坚持民族气节，不接受日伪无理要挟，决定停办《天津邮刊》。在12月下旬出版的《天津邮刊》第二卷第四期扉页上，大字刊出《紧要通告》："不意迩来感受种种之不便，致影响本会会务之进行，同人等虽一再尽力维护，迄无最完善之方法，在此情况下，不得已爰由理事会共同议决，值此非常时期，本会会务已难赓续进行，由二卷四期止本会暂告结束，一俟将来有机会时，再为复会……"随着天津邮票会停止活动，天津早期著名的邮学刊物《天津邮刊》同时停刊。

天津邮亭
史话

► 盖有"天津赤峰道邮亭"
邮戳的邮票

　　"邮亭"一词，在中国已经出现了两千多年。尽管在古代与在现代的词义并不完全相同，但是前后之间是有联系的。

　　在古代，政府机关的文件主要靠驿站传送。也可以说，驿站所担负的一个重要功能就相当于后来的邮政局，因为它们在传送消息方面都起到了枢纽作用。《诗经·大雅·常武》中有"徐方绎骚"，笺注说"'绎'当作'驿'"，原意为络绎不绝的意思。《孟子·公孙丑》中有"德之流行，速于置邮而传命"，意谓德政的流行比驿站传递政令还要迅速，这里的"邮"字，即指传递文书、供应食宿和车马的驿站。到了汉代，《汉书·薛宣传》中有"过其县，桥梁邮亭不修"之语，这里的"邮亭"，还是指驿站，负有传递消息任务的使者可以在里面休息。汉代以后，历朝历代都非常重视邮驿传递，邮驿的设置逐步网络化，传递的程序逐步制度化，管理邮驿的官员被称为邮吏、驿吏或馆驿使。

清代乾隆《天津县志》记载，天津有一座皇华亭，在北门外运河码头，"邮亭、大门、正堂、穿堂、厢房，共十二间"。文史学者吴裕成指出："皇华亭，明清地方志乃至诗歌小说常有涉及，或为城门附近的接官亭，或为驿路的馆舍，还被当成宣读圣旨的地方。从县志、府志的记载看，天津这座皇华亭主要是服务邮驿，在北城门外同时还设有馆驿楼。"清代光绪初年，中国开始仿效西欧办理邮政事业，兼营官私信件的传递。这项宏大而深远的事业，是从天津起步的。

1947年11月5日，中华邮政总局以行动邮局和邮亭为图案，印制发行《行动邮局及邮亭》特种邮票一套。全套四枚，其中面值800元、1800元的图案为停于南京国民政府行政院门前的行动邮局汽车一辆；1000元、1250元图案的为设置于上海中山公园门旁的邮亭。

现代的邮亭，属于邮政部门管理，相当于小型邮局。行动邮局，是邮政部门每日指派汽车驶往城郊各机关、学校、工厂等规定停驻地点服务的汽车邮局；邮亭，则是在距离邮政分支局较远的居民区增设的商亭式的小型邮局。二者的设置，都是为了便利公众交寄信件。

天津的邮亭，以20世纪四五十年代最被市民重视和利用。1947年8月24日的《大公报》天津版，曾发表报道《"邮亭"与"电亭"——邮局与电信局的新设施》，透露出当时天津邮亭的一些情况："'新式邮亭'是白色绿条纹的建筑，三个精巧的小窗口可以替你代办一切简便邮政业务,像买邮票、印花、收寄挂号、航空及平常邮件。为了适应需要,火车站的第一个'邮亭'昨日起开始工作。凡各次火车开行前十分钟交寄之邮件,均可赶发火车运出,较在其他邮局交寄者迅速……这种崭新的'邮亭'将陆续在黄家花园、平安影院前、法国教堂前设立三处。"后来又在六区招商局四号码头等处增设了几处邮亭。

笔者存有二联国营招商局成立 75 周年纪念面值 30000 元邮票,邮戳上的日期为 1948 年 9 月 1 日,盖有中文"天津赤峰道邮亭"字样。邮戳上一般都是盖着地名、邮局名,盖有邮亭名称的极为少见。

天津解放后,邮政部门十分重视邮亭建设,积极开展业务。据 1949 年 4 月 15 日《天津日报》报道,市邮政管理局为便利公众交寄邮件,将各邮局及邮亭营业时间依照实地需要情形分别予以延长。各邮亭营业时间(东站及南开两亭除外)平日上午 9 至 12 时,下午 2 至 6 时;星期日及放假日上午照常,下午停办。东站前邮亭平日、星期日及放假日均为上午 7 时至下午 10 时。南开大学邮亭平日上午 8 至 12 时,下午 2 至 5 时;星期日及放假日上午照常,下午停办。20 世纪 50 年代以后,"邮亭"一词逐渐从媒体上消失。但"新式邮亭"发挥的重要作用,已经印刻在天津邮政史和集邮史上。

邮驿史料
看天津

▶ 中国邮政发行的古代
　驿使图邮票

　　中国邮驿历史悠久，邮文化内涵丰厚而深邃。其中邮驿史料，包括通信及相关的交通、馆舍、工具等情况，是历代传邮实践的反映，是邮史研究的物质基础。近几十年来，邮驿史料收藏与研究在天津曾经结出很多硕果。

　　1981年6月10日，天津市历史博物馆（天津博物馆前身之一）开始举办"中国邮驿史及邮票展览"。这一展览分两部分，第一部分是中国邮驿史，它系统地介绍了三千多年来中国历代通讯活动和传递信息的机构、制度、符牌、印信等文物和资料；第二部分是中国邮票，分别展出各个历史时期的邮票，包括中国正式邮票发行前的地方邮票、清代邮票、民国早期邮票、解放区邮票和新中国邮票五个单元。这是改革开放后国内首次举办这种邮与史相结合的大型展览，显示出天津市历史博物馆和天津集邮界的收藏实力和学术底蕴。

"中国邮驿史及邮票展览"在天津展出，引起广大集邮爱好者的兴趣。天津市历史博物馆与邮电部、中国历史博物馆、中国革命博物馆合作，将原展览内容加以充实、提高，当年8月9日运往北京，从8月15日起在中国历史博物馆展出。

在这次已经升格为国家级的"中国邮驿史料及邮票展览"中，邮驿史料部分增加了自清末至中华人民共和国成立一段时间的中国邮政史料，包括商埠邮政、客邮、清代邮政、民国邮政、解放区邮政、国共通邮及邮工斗争史七部分内容，详细地介绍了中国国家邮政成立以来有关邮政设施，帝国主义把持中国邮政大权的情况，以及邮工斗争生活等大量珍贵文物和资料。国共通邮部分，详细地介绍了中国共产党和人民军队在革命战争年代为保证邮路畅通而保护邮政设施所作的积极努力。展览展出商埠邮票、客邮、清代邮票、民国邮票、苏区及解放区邮票、新中国邮票两千余枚，其中包括一些罕见的国邮珍品。展览筹备期间，得到天津著名邮票收藏家周叔弢先生的大力支持。

"中国邮驿史料及邮票展览"自8月15日至9月10日在北京展出，观众达四万五千人次。展出过程中广大观众观看了记载和反映中国古代邮驿事业发生、发展的有关甲骨卜辞、简牍、符牌和印信等文物和资料，加深了对中国历代邮驿活动的了解。很多观众还饶有兴趣地观看了中国近代邮政出现以来各个历史时期的大量实物、照片和邮票。

天津是中国近代邮政的发祥地和中心城市，天津市历史博物馆收藏邮政文物和史料十分丰富。该馆收藏有一张清代追查迟误公文责任的传牌，是研究中国邮驿史的重要资料。发牌者是三口通商大臣崇厚，发致直隶部堂，时间为同治六年（1867）六月二十八日。牌为纸质，木版印刷，四周印有蓝色云纹飞虎，象征迅猛。传牌的内容是，天津三口通商大臣于六月二十八日午刻接到来自保定的直督部堂的公文，发文时间是六月二十五日酉刻，限令于当天投到天津，但送达时已是二十八日。为什么这段路程竟然走了四天？传牌命令查明原因，以便确定责任属谁。这张传牌，是崇厚发致直隶总督刘长佑的，检查对象从天津县起至清苑县止。

有研究者指出，传牌写道："现当东省军务紧急之际……迟至四日之久……实属不知缓急"，"本大臣与直督部堂会商事宜，往来文件，均关紧要"。这年六月间，东捻军在湖北击败清军围攻以后，甩掉全部追击的淮军，以疾行军经河南中部再入山东，开始抗清斗争。按照李鸿章的部署，在黄河北面的防线，由崇厚、刘长佑率"洋枪队"防守，拒东捻军渡河北上。传牌追查公文迟误，显然与这一战事有关。清代驿站传递公文，设有一套严密的管理制度。驿站在公文上附贴"排单"或"火票"，上面写明到达期限和每昼夜必须走完的里程。如有延迟或泄漏、毁失，都要严加追究。

1999 年 8 月，由仇润喜、刘广生主编，天津市邮政局文史中心编辑的《中国邮驿史料》一书，由北京航空航天大学出版社出版。该书是一部上自夏商、下迄清末近四千年来的邮驿史料选辑。全书约一百万字，按"溯本求源""驿苑文编""文档录要""邮坛论丛""典章拾遗""方志摘抄""史籍钩沉""触类旁通""飞鸿留痕""大事纪要"10 编排列。该书集中国邮驿史料之大成，是天津新老邮人为迎接第二十二届万国邮政联盟大会在北京召开而作出的重要奉献，也再次显示出邮驿史料收藏与研究是天津的长项。

天津邮品
北京印刷

> ► 捷克斯洛伐克 1959 年
> 发行的印有北京邮票
> 厂外景的邮票

　　从清末开办邮政到民国时期，中国一直没有专门印刷邮票的工厂，发行的邮票要委托其他印刷厂代印，或者到英国、日本等国印刷。新中国成立后，国内有二十多家印刷厂承印过邮票，如上海商务印书馆、上海市印刷一厂、上海人民印刷厂、上海三一印刷公司、华东邮政南京印刷厂、中国人民印刷厂、北京人民印刷厂等。后来主要由北京邮票厂、河南省邮电印刷厂、沈阳邮电印刷厂三家企业承印邮票，其中以北京邮票厂最为专业和全能。

　　捷克斯洛伐克（今捷克共和国与斯洛伐克共和国）是以生产雕刻版为主的世界邮票大国，也是最早与中华人民共和国建交的人民民主国家之一。1952 年，中国与捷克斯洛伐克文化、邮政、电信及科学技术合作协定在北京签订。北京邮票厂的技术设计和筹建施工，就是中捷邮电合作项目之一。捷克斯洛伐克政府向中国派出筹建邮票印刷厂的工艺专家、厂房建筑专家、电气化设备专家，以及照相、制版、印刷技术指导专家，同时邀请中国技术人员到该国参观实习。北京邮票厂厂房于1956年动工兴建，经过双方人员的共同努力，1959年正式投入生产。当年7月1日发行的《五四运动四十周年》纪念邮票，就是该厂试印成功的第一套影写版邮票。建成北京邮票厂，是中国邮票史上的里程碑，也是中捷人民友谊的结晶。

笔者在天津集邮市场买到过一枚捷克斯洛伐克1959年10月1日发行的《捷中邮电技术合作》纪念邮票，图案为北京邮票厂建筑外景。同年8月15日，中国邮电部发行了《中捷邮电技术合作》纪念邮票以庆祝北京邮票厂建成，与捷克斯洛伐克发行的《捷中邮电技术合作》纪念邮票主题和图案相同。这是中国邮电部与外国第一次联合发行邮票。

北京邮票厂目前是中国邮政系统唯一定点专业邮票印品的生产企业，主要生产影写类邮票、影雕类邮票、胶印类邮票及各种邮资封片、邮资信封等。新中国的精品邮票大多数出自北京邮票厂。《黄山》《梅兰芳舞台艺术》《菊花》《金鱼》《兰花》等纪念特种邮票的印刷，是该厂的骄傲。这些邮票曾在国内、国际获奖，深受海内外集邮爱好者和专家好评。1992年，在西班牙举行的国际政府间邮票印刷业者协会年会上，北京邮票厂1990年印制的《韩熙载夜宴图》套票，与美国、法国的邮票并列荣获"革新奖"，受到外国专家称赞。

　　天津是中国近代邮政的发源地，印刷工业十分发达，但百余年来天津一直没有邮票印刷厂。然而值得一提的是，天津油墨厂曾经长期为北京邮票厂供应油墨。20 世纪 80 年代初，北京邮票厂为了提高邮票印刷质量采用新型印刷机后，需要有一种与印刷设备相适应的雕刻凹印快干油墨，天津油墨厂组织技术力量试制了一套颜色齐全的油墨，送交用户，使印出的邮票更加具有艺术效果。

　　改革开放后，北京邮票厂不仅承印了中国邮政发行的《天津民间彩塑》《杨柳青木版年画》等天津地方选题特种邮票，还印制过天津题材的多种邮品。该厂印制的邮电部 1991 年发行的《天津风光》邮资明信片，从不同角度反映了天津的风土人情和城市新貌，其中有盘山风景区、黄崖关长城、独乐寺、天津站、新港、天津广播电视塔、水上公园、古文化街、食品街、中山门立交桥等。1996 年，天津科学技术馆、天津市集邮公司与北京邮票厂合作，设计并制作了中国第一枚科技馆题材的邮品——天津科学技术馆纪念邮折。2010 年，为纪念李叔同诞辰 130 周年，天津市集邮公司与天津市李叔同弘一大师研究会合作，精选李叔同在天津求学成长及执教的图片 16 幅，表现他在戏剧、美术、篆刻、书法、诗词、佛学等领域的开创性成就，设计成个性化纪念邮票，也是由北京邮票厂印制的。

参观
天津邮政博物馆

▶ 1996 年发行《中国邮政开办一百周年》纪念邮票中的大清邮政津局建筑

　　2022 年 5 月 18 日，在世界博物馆日这一天，笔者有幸应天津邮政博物馆馆长赵娜女士之邀，参观了这座驰名海内外的"国宝"级博物馆。

　　坐落在和平区解放北路与营口道交口东北侧的天津邮政博物馆，原址为大清邮政津局。1878 年，天津海关书信馆率先收寄中外公众信件，中国近代邮政由此发端。1880 年，天津海关书信馆改称海关拨驷达局，1884 年迁入新址，即今天津邮政博物馆所在地。1897 年改为天津大清邮政局即大清邮政津局。后因邮政业务脱离海关等因素，从 1899 年起，此机构改为天津邮政总局、天津副邮政总局、天津邮政分局、直隶邮务管理局等。1915 年，迁至老龙头火车站旁新局房办公。

　　大清邮政津局大楼是中国现存唯一的清代邮政局房，现为天津市文物保护单位和特殊保护等级历史风貌建筑。国家邮政部门 1996 年发行的《中国邮政开办一百周年》纪念邮票和 2016 年发行的《中国邮政开办一百二十周年》纪念邮票，每套皆为四枚，首枚图案皆采用大清邮政津局建筑外貌，展现了中国百年邮政的历史画卷。

大清邮政津局建筑为二层砖木结构加地下室，是欧洲古典主义风格和中国传统砖雕工艺相结合的仿罗马式建筑，堪称中西合璧之典型。外立面采用传统青砖砌筑，并辅以各种造型的砖雕，扁券门窗的连续设计，凸显规整协调。因其坐落于街角，建筑平面呈 L 型。拐角处八角楼的设计，可谓匠心独运。这座八角楼造型独特，面朝八方，似有邮政业务四通八达之意，与解放北路对面的原中法工商银行大楼的大弧度转角同为建筑拐角设计的范例。

鉴于大清邮政津局大楼的历史地位和建筑特色，南开大学教授、著名历史学家来新夏先生曾给予高度评价："在卫城、老街先后消失的情况下，无疑它已是天津独一无二的文化标志。"该楼作为中国近代邮政发端的重要见证，在天津市邮政部门和社会各界有识之士的多年努力下，开辟为天津邮政博物馆，作为全国首家邮政博物馆，于 2010 年对外开放。

天津邮政博物馆展览面积约为 1500 平方米，分"序厅""邮驿与其他通信组织厅""邮政厅""集邮厅"四个展厅，展览从时间跨度上分为古邮驿、近代邮政、大清邮政、中华邮政、人民邮政五个历史阶段。珍贵藏品包括秦皇古驿道车辙石，一分银、三分银和五分银的整版大龙邮票,总理衙门实寄封,万里邮路上曾使用过的运邮马车。此外还有"全国山河一片红"、整版庚申猴票及数百枚近代明信片等。展览覆盖天津邮政乃至中国邮政的百年变迁,展现出邮政文化的独特魅力。赵娜馆长在向笔者介绍馆藏国内独一无二的三个整版大龙邮票时,特别重申了天津市邮政部门老领导、邮政史专家仇润喜先生所坚持的原则:征集来的珍贵藏品必须流传有绪。

天津是中国最早出现集邮活动的地区之一,与之相关的邮票、信封、明信片等邮品种类丰富,林崧、黎震寰等邮坛名家享誉全国,集邮组织和著述影响颇巨。天津邮政博物馆发挥自身特点,发行具有双重功能的邮品型门券,为集邮爱好者和票证收藏家拓展了集藏领域,增加了票券的收藏价值。

这次参观天津邮政博物馆,笔者还与天津大学建筑学院副教授、历史风貌建筑保护与修复专家张威先生一起考察了馆区的院落和后楼。天津邮政博物馆的后楼高三层,砖木结构,每层外侧设有木质走廊,每个房间都不大,像是旧时的职工宿舍。后楼的建筑年代与前面的主楼接近,为19世纪末期。后楼的建筑面积约有五六百平方米,建筑平面亦呈L型,与前面的主楼相互连通,合围成一个方形院落。由于年久失修,出于安全考虑,目前后楼未能使用。张威先生就此提出了建筑检测与修复方面的意见。我们与天津邮政博物馆负责人一起探讨了如何对该馆进一步保护和利用,充分发挥它在解放北路历史风貌区文化旅游方面的特殊作用。

中外发行的
天津题材邮票

哪吒闹海
古陈塘

▶《动画—哪吒闹海·定海安民》邮票

　　2021年8月28日，中国邮政集团公司发行《动画—哪吒闹海》特种邮票一套六枚，内容分别为"哪吒出世""童年游趣""擒拿敖丙""斗战龙王""哪吒重生""定海安民"。全套邮票面值6.40元。邮票计划发行数量为690万套。

　　中老年朋友们所熟悉的动画电影《哪吒闹海》，是中国第一部宽银幕动画长片，取材于中国古典文学作品，主要讲述陈塘关李靖之子哪吒与东海龙宫之间的恩怨情仇。《哪吒闹海》由上海美术电影制片厂出品，影片画面瑰丽，制作精致，人物刻画富有神采，叙事节奏张弛有度，色彩运用出神入化，深受少年儿童喜爱。这部影片曾在国内外各大电影节上获得过多个奖项，至今仍被奉为经典。

　　《动画—哪吒闹海》特种邮票是中国邮政集团公司与上海美

术电影制片厂合作出品的第四套动画题材邮票,画面不仅呈现了哪吒天真、可爱的性格,还表现了他不畏权威、争取正义的可贵精神。六枚邮票分别采用六种色调,色彩特征鲜明、连贯,展现了不同动态的人物形象。整体设计借鉴电影中蒙太奇的表现手法,将不同时间、场景、镜头画面重构,在静止的邮票中呈现出栩栩如生的动画情节,还原了几代人心中的一段童年记忆。

2021 年 8 月 28 日《动画—哪吒闹海》特种邮票发行当日,在天津出现了在这套邮票每一枚上加盖"哪吒闹海古陈塘"字样的邮戳卡,笔者在网上见到后,便邮购了一套。在此之前,2021 年 1 月,由笔者参与策划、高惠军先生撰著、天津社会科学院出版社出版了《哪吒闹海古陈塘》一书。天津市河西区域内的陈塘庄早有哪吒闹海的传说,现已被列入非遗项目。《哪吒闹海古陈塘》一书着重写天津陈塘关哪吒和李靖等相关故事、陈塘庄的哪吒庙,包括历史、现状等,以及陈塘庄的地理位置、上下河圈、与河海的关系、人民生活、生产状况。该书还讲述了哪吒故事的历史意义,人们为什么信仰哪吒,以及河西区有关部门和单位对这一传统文化的梳理、发掘等情况。"哪吒闹海古陈塘"邮戳卡的出现,应是对《哪吒闹海古陈塘》一书的宣传,也代表着集邮界对哪吒闹海传说与天津具有密切关系的认同。

就历史而言,哪吒(又写作那吒、哪咤)不是天津人,也不是中国人,甚至连人都不是。他的名字出自古代印度佛典《佛本行赞》(又译《佛本行经》等),中国北凉、南朝宋、唐时译为那罗鸠婆或那吒俱伐罗。在唐代郑綮《开天传信记》中也被称为

"那吒太子"。至于哪吒的生父，在"行赞"中明确说是北方护持佛法的毗沙门天王（也称多闻天王）。护法必须除魔，元本《三教源流搜神大全》说哪吒出生"七日即能战，杀九龙"（此书文字有宋讳，应早于元）。宋代普济和尚汇辑的《五灯会元》卷二说："那吒太子析肉还母，析骨还父，然后现本身，运大神力。"这些，就是历史典籍中的哪吒，他的身影是印度佛教中的神。

当印度佛教变为中国佛教，宗教形态转为文化形态，哪吒才由神变成人。"因世间多魔王，玉帝命降凡，以故托胎于托塔天王李靖妻素知夫人。"（《三教搜神大全》卷七）而李靖又被人们坐实为隋唐名将李靖。哪吒闹海的情节，在明代小说《封神演义》《西游记》中被渲染得有声有色，以至在中国民间广为传颂，宗教神话也变为民间传说。哪吒成为中国式的将门虎子和少年英雄，实是民俗文化传承性与变异性合力的结果。

哪吒既然成为人，于是，说他是陕西人有之，因为名将李靖是陕西三原人；说哪吒闹海在蓬莱者有之，因蓬莱仙境系龙王聚会之所；说闹海在浙江者有之，因钱塘江与陈塘关地名音近，且有江潮；天津因系海口，又有陈塘庄、望海楼、小仪门口等地名，古代且有海浸陆地现象，所以哪吒自然就有在天津闹海的传说了。

除了哪吒闹海的传说长期流传于今河西区陈塘庄地区，与其毗邻的上河圈村南清代曾建过一座"哪吒庙"外，天津市内至少还有两处是塑造了哪吒闹海形象的，一处塑造于1982年，在燕园瓶子湖北端的小池塘里，代表四海龙王的"四龙壁"前，为站立哪吒塑像，左手高擎乾坤圈，右手夹持火尖枪，胸系混天绫，脚踩风火轮，十分威武；另一处塑造于 1986 年，在狮子林桥旁原木桥墩台上，其中一条大龙象征东海龙王，骑在龙背上的是手执乾坤圈的哪吒，看上去他已经降服了龙王……

杨柳青年画
年味浓

▶ 2003 年发行的《杨柳青木版年画·五子夺莲》邮票

　　春节将至，天津邮政于 2022 年 1 月 25 日（农历腊月二十三——俗称"小年"）启用"五子夺莲"邮资标签一枚，图案为杨柳青年画《五子夺莲》。有意思的是，19 年前中国邮政发行《杨柳青木版年画》邮票，也是在 1 月 25 日，而且那一天也是"小年"。

　　杨柳青年画是中国最著名的传统年画，也是天津民间美术的杰出代表，因产于津西杨柳青镇而得名。它始创于明代崇祯年间，清代乾隆至光绪初年为全盛时期。杨柳青年画风格独特，构图丰满，线刻精致细腻，人工染色艳丽，深受大众喜爱。

　　将杨柳青年画印在邮票上作为"国家名片"公开发行，各界人士为此呼吁了几十年。1994 年，为丰富特种邮票选题，提高邮票设计质量，中国邮票总公司决定从当年开始由各地组织推荐本地的邮票选题和图稿设计，每三年为一个地方选题周期。天津被安排在第二周期，即1996年的邮票选题中。天津邮票公司经过广泛咨询，初步确定了10个方案，第一个就是杨柳青年画。至2002年11月，终于传来好消息，在国家邮政局确定2003年发行的26套邮票中，有天津的杨柳青年画，而且是作为中国各地年画系列邮票的第一套发行，令天津集邮爱好者和广大市民十分欣喜。2003年1月25日"小年"上午，天津市文化局、市邮政局等在天津鼓楼举办《杨柳青木版年画》邮票首发式，这套喜庆活泼的年画邮票与世人见面了。

《杨柳青木版年画》特种邮票全套四枚，内容分别是"五子夺莲""钟馗""盗仙草""玉堂富贵"，包含了杨柳青年画中娃娃、神话故事、戏曲及仕女等内容，是从珍存的年画精品中挑选出来的极具代表性的作品。全套邮票的面值为4.40元。同时发行的小版张采用了多项先进技术，边饰中加入了杨柳青年画的代表作"连年有余"，汉语拼音采用了镂空技术，并首次大面积地采用了防伪黄色油墨等。邮票和小版张的设计者是著名邮票设计家王虎鸣。国家邮政局选取在新春佳节前夕发行《杨柳青木版年画》，给中国的传统节日增添了一份欢乐的气氛。

曾任天津杨柳青画店经理的盛玉洪老人，见到《杨柳青木版年画》邮票后兴奋不已，当时专门向笔者讲述了周恩来总理、老舍先生等对杨柳青年画的重视和保护。盛玉洪回忆道："周恩来总理自从1961年冬来杨柳青镇年画车间视察后，一直关心着杨柳青年画的进步，他专门委托老舍先生来我店指导工作。1964

年春天，老舍专程来津考察杨柳青年画的历史和发展工作。他对清代创作的木版画很感兴趣，对精湛优美的木刻艺术赞不绝口，尤其是得知几百年前画师能用金粉沥制成金画，特别告诉老手艺人要把这段文化遗产整理好。老舍指示我们把画店保存百年以上的原画刻板送到妥善之处保管，对外就说是为了战备需要，实际是保护文化遗产的珍贵实物。由于我们采纳了老舍建议把画板送到博物馆去保存，才使之躲过了'文革'那场空前的劫难……老舍还让我们要跟上形势发展需要，向世界友好国家宣传杨柳青年画艺术，在国际艺术舞台上争取一席之地。临别之夜，老舍专门和我算了一夜年画利润账，让我把年画零售价格再降一些，使农村人都买得起……"盛玉洪老人感慨地说："杨柳青年画今天成为'天津名片'乃至'国家名片'，是上上下下几代人艰苦奋斗打造出来的。"

我在天津集邮市场买到过一套中国邮政 2003 年发行的《杨柳青木版年画》邮票，十分喜爱。其中 80 分面值的"五子夺莲"，原版为清代雍正年间的作品，属于杨柳青年画娃娃题材的经典之作。画面中五个娃娃嬉戏追逐，争夺莲蓬，憨态可掬。"五子夺莲"为传统吉祥题材，莲子与"连子"谐音，寓意连生贵子、多子多福。画面中的娃娃形象生动，造型丰满，线刻细密，染色鲜艳，充分体现了杨柳青年画的独特风格。大年赏之，更觉喜庆欢快。

三岔河口的
东方女神

▶《引滦入津工程》纪念邮票

　　在金钢桥的西北侧，即子牙河、南运河与海河交汇处的三岔河口岸上，耸立着一座引滦入津工程纪念碑。在高18米的三面体大理石碑座上，伫立着6米高的用汉白玉雕刻的人物形象。这是一位年轻妇女，体态端庄而优美，面带慈容，右臂怀抱婴儿，左手朝上托举，像在捧接自天而降的甘霖。碑下，清澈的河水缓缓流淌，仿佛将一段难忘的岁月娓娓道来。

　　天津的工业一直在全国占有重要位置，但水资源的匮乏严重制约着工业的继续发展。1982年5月11日，新中国史无前例的跨流域大型引供水工程——引滦入津工程正式开工。引水线路全长234公里，工程非常繁杂，任务十分艰巨。1983年9月11日，引滦入津工程正式通水，清澈甘甜的滦河水送入千家万户。为庆祝引滦入津成功，很多街道特意发给每户市民一小袋茶叶，百姓们都觉得用滦河水沏出来的茶真是清香可口。

三岔河口这座纪念碑的设计者是杨溢和张子英，他们生活在天津，尝过多年"咸水"的味道，深知滦河水来之不易。他们想通过塑像上的母与子，使人们联想到滦河水就像母亲的乳汁一样宝贵。为了补充塑像的内容，他们还在碑座下方设计了两幅浮雕，一幅是战天斗地的引水史的缩影，一幅象征着滦河水给天津人民带来的利益。

数年后，当人们几乎不再提起引滦入津工程纪念碑设计者、雕塑者的名字之时，在英国伦敦出版的《1989—1990 世界名人录》中，引滦入津工程纪念碑设计者之一杨溢以中国雕塑家的身份被收入。杨溢出生于广东一个农民家庭，自幼喜爱绘画艺术，后来考上广州美术学院附中，并立志做一名雕塑家。1965 年从广州美院雕塑系毕业后，他先是分配到天津工艺美术技校任教，后到天津工艺美术研究所工作，1985 年调入天津画院。1983 年起，城市雕塑迅猛发展，杨溢有了用武之地，于是他的雕塑作品陆续在天津街头出现。除了引滦入津工程纪念碑上的塑像外，还有位于体院北居民区的表现两名少女背靠背刻苦读书的《读》、抗震纪念碑的部分浮雕、马场道妇产科医院门口的《母与子》、动物园熊猫馆前的《熊猫》，以及外环线上的一些雕塑等，为美化津城作出了贡献，其艺术成就得到雕塑大师刘开渠的赞赏。

在 1984 年国家邮票发行计划中，本来没有"引滦入津"这个选题。1983 年 8 月 3 日，当时的邮电部邮票发行局宣布在原计划外增加发行"引滦入津工程"特种邮票。并将发行日期定在

1984 年 9 月 11 日，以纪念该工程竣工一周年。这套邮票共有三枚，其中第一枚寓意"甜水入津"，面值 8 分，以三岔河口引滦入津工程纪念碑上怀抱婴儿的年轻妇女雕塑为主景，背景选用解放桥和百货大楼以代表津城。在引滦入津 1 周年、10 周年、20 周年、30 周年纪念封上，都曾见过这枚邮票。

最有意思的是，笔者存有一枚天津邮票公司 1988 年 4 月 11 日发行的"天津——美国国际海运邮路开通纪念封"，信封正面中间是一艘行驶在太平洋上的远洋集装箱班轮，右侧为代表美国的矗立在纽约哈得孙河口的自由女神雕像，左侧便是代表天津乃至中国的矗立在天津三岔河口的引滦入津工程纪念碑人物雕像——这位怀抱婴儿的慈祥、端庄而又优美的年轻妇女，俨然成为一位东方女神。

四十多年过去了，三岔河口一带的城市景观发生了翻天覆地的变化。在引滦入津工程纪念碑后面，建起了现代化的天津近代工业与城市历史博物馆。在子牙河上游不远处的永乐桥上，建成了国家 AAAA 级景区天津之眼摩天轮。三岔河口附近，高楼大厦林立，一派繁华景象。但是引滦入津工程纪念碑并未因岁月的流逝而失去它的光彩，碑座上雕塑的年轻妇女依然安详地注视着东去的海河水，默默地见证着津城的再度崛起。

1984 年，广东著名诗人柯原路过天津时，曾经吟咏出一首《引滦入津纪念碑》。重读此诗，抚今追昔，令人感慨，让人自豪："人们来到天津，总会来看望，这座屹立蓝天下的纪念碑，听她以母亲的名义在宣告：这潺潺的幸福之水，正浇出一座珍珠的城！"

黄崖关两登
"国家名片"

► 1997 年发行的《万里长城 · 黄崖关》邮票

    2023 年 5 月 12 日，中共天津市委召开会议专题研究黄崖关长城风景名胜区总体规划。会议指出，要通过对黄崖关长城的古迹修复、史料整理、文脉传承，彰显蓟北雄关、渔阳古镇的历史文化价值，弘扬民族精神，传承中华文明；要体现地域特点，综合呈现长城墙体、水陆关隘、边城掩体、战台烟墩、古寨营盘等景观群，展现黄崖关长城被誉为"万里长城之缩影"的独特古韵。连日来，对黄崖关长城风景名胜区如何进行科学保护、世代传承、合理利用，成为人们热议的话题。

    天津市蓟州区北部群山连绵，地形险要，自古乃兵家必争之地。被唐代诗人吟咏得慷慨悲凉的渔阳、蓟北，均指这一带。白居易的"渔阳鼙鼓动地来，惊破霓裳羽衣曲"，高适的"少妇城南欲断肠，征人蓟北空回首"等诗句，至今广为吟诵。万里长城是中华民族的象征，是人类建筑史上罕见的大型军事防御工程。曾流传过这样的说法，宇航员在太空观察地球时，用肉眼只能辨认出地球上两项特大工程，中国的万里长城便是其中之一。蓟州北部的长城始建于南北朝北齐年间，多是随山就势，就地砌石，初步形成了战略防备体系。至明代隆庆年间，民族英雄戚继光主持重修了蓟州长城，使黄崖关长城形成完整的军事防御体系。

黄崖关长城为东西走向，关城由黄崖关正关、水关、八卦城等组成，坐落在王帽顶山和半拉缸山之间，两边山崖壁立，地势险峻，从塞外流过的沟河水夺关南下，大有一夫当关、万夫莫开之势。关城东侧山崖的岩石多为黄褐色，夕阳斜照时能反射出万道金光，"黄崖关"因此得名。1988年，天津市"爱我中华，修我长城"赞助活动指导委员会办公室编纂的《天津黄崖关长城志》一书由天津古籍出版社出版。该书介绍了从1985年至1987年天津市军民协力修复边墙3025米、敌台20座、黄崖关关城一座的全过程，并建成黄崖关长城博物馆和长城碑林，使当地成为游览胜地。该书记录了当代修复长城的壮举，也全面、系统地阐述了蓟州境内古长城的历史沿革、当年的防御工程体系和制度。

黄崖正关西侧的长城，如龙腾空，直上高耸的王帽顶山，与北京市平谷区的将军关相连；正关东接水关，与崖上的石砌古长城首尾呼应，直抵半拉缸山下的太平寨。黄崖正关上建有北极阁，祭祀玄武大帝，正对着塞外第一哨凤凰楼。登上黄崖正关北望，但见塞外青山隐隐，白云悠悠。南看，黄崖八卦关城内街道纵横，按乾、坎、艮、震、巽、离、坤、兑八卦摆布，故称"八卦城"。如今，黄崖关长城已成为世界文化遗产、国家首批 AAAA 级景区。近些年，黄崖关长城风景名胜区又建成断崖地貌景区，与古长城相映成趣，融得天独厚的生态环境、内涵丰富的人文历史于一体，形成百兽图、王帽顶山、巨人头像、奇松盖崖、云海烟波、黄崖夕照、半拉缸山、猫耳山、黄崖天梯、瞭望台、聚仙峰、古烟灶遗址、古长城遗址、古敌楼遗址、神泉、长城魂等著名自然、人文景观。

1997 年，为适应邮政资费调整后的新资费标准，邮电部于 9 月 1 日发行《万里长城》（第二组）普通邮票一套，共四枚，图案分别为黄崖关、八达岭、居庸关、紫荆关，面值依次为 30 分、100 分、150 分和 200 分。这套邮票由杨文清、李德福联合设计，北京邮票厂采用影写版进行印刷。为此，天津市集邮公司和蓟县（今蓟州区）邮电局联合发行邮票首发纪念封一枚《黄崖关》邮票极限风光明信片一枚，分别加盖黄崖关临时邮局邮政日戳和黄崖关风景日戳。

2016 年 8 月 20 日，中国邮政发行《长城》特种邮票一套九枚，其中第二枚展现的是天津蓟州黄崖关长城。为此，天津市集邮公司、蓟州邮政分公司与天津黄崖关长城风景名胜区管理局联合举办的《长城》邮票首发仪式当日在黄崖关长城正关广场举行，天津蓟州黄崖关长城主题邮局同时启用。《长城》特种邮票对明长城进行了全景展示，分别选取北京、天津、河北、山西、辽宁、陕西、内蒙古、甘肃、宁夏九省（直辖市、自治区）的长城图案。九枚邮票的内容为"关山沧海""蓟辽天堑""燕赵雄风""京畿屏障""三晋重关""长河飞龙""高原北望""大漠关城""丝路古道"。这套邮票由人民大会堂大厅《万里长城》巨幅国画作者许云龙创作设计,采用中国画的表现形式,充分展现了雄关万里、宏伟壮美的长城形象。这是继 1997 年后,黄崖关再度登上作为"国家名片"的邮票。

天津之宝
《大公报》

▶《〈大公报〉创刊 120 周年》
纪念邮票小型张

　　《大公报》1902 年 6 月 17 日创办于天津，是目前世界上仍在发行的历史最悠久的中文报纸。在 120 年的风雨历程中，《大公报》秉承 "忘己之为大，无私之谓公" 的精神，始终与民族同呼吸，与国家共命运。2022 年 6 月 17 日是《大公报》创刊 120 周年纪念日，香港邮政为此发行了一张邮票小型张以资纪念，全国各地集邮爱好者纷纷在网上订购。

　　《〈大公报〉创刊 120 周年》纪念邮票小型张设计精心，上下两图分别展示昔日天津日租界旭街《大公报》馆址及今日香港的城市风光，凸显《大公报》的悠久历史，寓意《大公报》在中国近现代历史发展和新时代所发挥的重要作用，有助于推广国民教育，引导更多读者知史明理，鉴古知今，从而培养爱国之情，砥砺强国之志，实践报国之行。

20世纪初，清王朝统治摇摇欲坠，资产阶级民主革命发展迅猛。在新旧交替的风雨飘摇中，一批有影响的报刊纷纷问世。其中1902年6月17日创办于天津的《大公报》尤为引人注目。《大公报》的创始人英华，字敛之，满族正红旗人，是原文化部副部长、著名话剧表演艺术家英若诚的祖父，著名导演、演员英达的曾祖父。《大公报》创办之初，馆址设在法租界狄总领事路（今和平区哈尔滨道），报纸以竹纸印，书版式，日出八页，除广告外，每天刊登消息、评论、文章一万多字。在国内大、中城市及东南亚、日本、美洲等地均设有代派处。行销量在京津地区高居第一。《大公报》旨在打破封建顽固势力之禁锢，以资本主义文化观念启蒙读者。它不畏权势，敢于抨击时弊，指斥朝廷权贵。辛亥革命后，英敛之潜心研究天主教教义，名义上虽仍负《大公报》之责，实已脱离报社事务。1916年9月，英敛之将《大公报》转让给安福系政客王郅隆，销路日减，于1925年11月27日停刊。1926年9月1日，由吴鼎昌、胡政之、张季鸾三人组成的"新记"公司接办。"新记"《大公报》重振声誉，蒸蒸日上，发展成为全国性大报，并引起国际关注。1937年8月，因日军侵略天津，《大公报》移至汉口出版。此后接连在上海、香港、重庆、桂林发行，还出过昆明航空版。1945年12月1日《大公报》在天津复刊，至1949年1月停刊。不久，改名《进步日报》出版。后上海版《大公报》与天津《进步日报》合并，出版天津《大公报》。1956年10月1日天津馆迁至北京，出版北京《大公报》，1966年停刊。《大公报》在天津出版共计四十余年，在天津近代历史上留下了深刻的印记。

老话说:"天津卫三宗宝:鼓楼、炮台、铃铛阁。"到 20 世纪 30 年代,天津人民便自豪地说出:"天津有三宝:永利、南开、《大公报》。"永利是中国人艰苦建立的第一个化工基地,南开是当时全国最著名的私立学府,《大公报》则是当时全国最有影响力的报纸。

说起天津这"三宝",20 世纪 30 年代初曾在天津《大公报》工作过的著名报人徐铸成先生,在 20 世纪 80 年代曾撰文指出:不应该忘掉一个人。永利、南开在创业之初,它们的资金周转都得到金城银行总经理周作民的大力支持。周作民在 1950 年曾亲口告诉徐铸成,"新记"《大公报》最初的资本五万元,名义上是吴鼎昌支付,实际是由周作民张罗在"北四行"——金城、盐业、中南、大陆四家银行筹集的。这也符合当时的情况,吴鼎昌虽然挂名盐业银行总理,但实权仍掌握在张镇芳父子之手,而金城银行则由周作民独力支配。因此,徐铸成先生认为,周作民扶持"天津三宝"的往事,应该在历史记上一笔。

《大公报》在天津原有三处旧址,唯一保留下来的是现坐落于和平路四面钟对面的《大公报》旧址。它于 1906 年建成并使用,建筑面积 1620 平方米,为砖混结构的日式楼房,至今保存比较完好。近二十年来,海内外有识之士不断呼吁,希望能更好地保护《大公报》旧址这处宝贵的文化遗产,将它建成天津《大公报》纪念馆或天津近代报业博物馆,按照原来面目修复并陈列有关文史资料,供人们参观和研究,成为海河文化旅游的一个亮点。

巍巍南开
有邮缘

2023 年是南开大学八里台校区启用 100 周年。1923 年南开大学迁至八里台，是该校发展过程中迈出的关键一步，也翻开了南开系列学校历史崭新的一页。

1919 年南开大学建校时，校址在天津老城外西南方向的南开洼，授课于南开中学南面的一栋两层楼房，直到 1923 年才迁至八里台。当时八里台远离市区，环境荒凉，交通不便。1923 年 6 月 28 日，南开大学在八里台举行第一届学生的毕业式，邀请社会各界观礼，以此宣告新校区启用，但由于道路不通，大部分人竟需要从市区边缘的海光寺登船，沿卫津河行驶数里，到南开大学八里台校区东门上岸，再进入校园。校内亦是水洼遍布，芦苇丛生。对此，张伯苓校长却积极乐观地表示，水洼可以填平，用来建设校园。后来，老舍、曹禺两位南开校友在张伯苓七十大寿时写诗道："在天津，他把臭水坑子，变成天下闻名的学堂。他不慌，也不忙，骑驴看小说——走着瞧吧！不久，他把八里台的荒凉一片，也变成学府，带着绿柳与荷塘。"此后，随着人口迁移与市政建设，八里台一带逐渐成为高等学府和文化机构聚集之区、天津的繁华地段。正如南开校史专家陈鑫先生所说："从天津城南的'荒凉一片'，到如今繁华热闹的市区，八里台的变迁不仅展现了城市空间的拓展，也是天津科教发展、城市精神塑造的缩影，是大学与城市相互赋能、共同进步的象征。"

"允公允能，日新月异"，作为南开校训，是南开办学理念的凝结、治校传统的升华。仅从南开师生和校友对邮票这一小小方寸艺术的重视与热爱，便可窥见南开情怀、南开精神之一斑。

民国时期，南开系列学校十分重视集邮活动对学生的熏陶。1922 年，南开学校邀请美国芝加哥大学推士博士在该校演讲。在讲到如何能使学生产生学习兴趣时，这位博士说："如学生欲收藏旧邮票，就利用他这个习惯，教他研究历史地理。总而言之，这种方法就是利用他的天性，利用他的心理。不要照书本教授，把学生都教死了，毫无兴味。"1924 年，天津青年会童子部在该会楼上举行天津儿童珍玩展览会，其中集存品类包括邮票和明信片，南开学校学生参展。1931 年，天津市美术馆举办学童珍玩展览会，展品包括中外邮票，南开中学、南开女中、南开学校小学部的学生参展。1947 年，河北邮政管理局新办"汽车行动邮局"，邮局专门派出两辆汽车在全市流动出售邮票、收寄邮件等，其停留地点就包括南开中学前、甘肃路南开女子中学门旁，也反映出南开系列学校学生参与集邮活动的热情。

在南开系列学校历史上，师生和校友中出现过不少喜欢集邮的名人。如曾在南开中学读书的著名集邮家姜治方，他收集的中国首航封在世界上首屈一指。再如曾在南开大学读书的"两弹"元勋郭永怀，也收藏过大量的邮票。

南开大学教授、著名历史学家来新夏先生自幼喜欢集邮。20世纪90年代邮政部门举办集邮征文，邀请来先生撰稿，为此他专门与笔者讨论过有关中国邮票和外国邮票的一些细节。2002年6月，来新夏先生将一枚有关部门为他八十寿辰制作的纪念封，寄赠给同样喜欢集邮的老朋友、天津著名文史专家杨大辛先生，后来杨先生又将此封转赠给笔者。

为南开系列学校发行的邮品，已成为集邮爱好者集存的一个专题。民国时期，便曾发行过数种南开大学八里台校区明信片。改革开放以来，累计发行过数十套南开大学、南开中学纪念封、片，令人目不暇接。

为纪念天津南开学校创立百年，国家邮政局于2004年10月17日发行了一枚《南开学校旧址》特种邮资明信片。邮资图是1906年兴建的老校舍，位于现在南开中学的东侧，俗称"老东楼"，砖木结构二层楼房，保存完好。这里是周恩来在南开学校上课和开展社团活动的场所，1978年周恩来同志青年时代在津革命活动纪念馆在此开馆。

为庆祝南开大学百年华诞，中国邮政于2019年10月17日发行了《南开大学建校一百周年》纪念邮票。这枚邮票在设计上采用中轴对称的构图形式，结合紫色与金色的互补色调，烘托了南开大学百年校庆的庄重与辉煌。画面以南开大学校徽中的八角星形状为核心元素，结合"青莲紫"校色、年份数字和南开大学八里台校区主楼形象，体现出南开大学百年沿革的历史感。邮票背景为数字"100"的造型。其印制采用专色胶印结合冷烫技术，紫外灯下，取自校徽的"南开"校名和"允公允能，日新月异"的校训清晰显示，进一步展现了百年南开的形象。

中国邮政还以《南开大学建校一百周年》纪念邮票为核心，创意研发了多款南开大学主题邮品，包括首日封、极限明信片、纪念邮折、卡书、邮册等。欣赏着这些丰富而精美的邮品，不禁使人联想起南开校歌中那铿锵豪迈的歌词："渤海之滨，白河之津，巍巍我南开精神……"

中扎同日发行
"泥人张" 邮票

► 扎伊尔发行的 "泥人张" 邮票

　　1996 年 11 月 5 日，中华人民共和国邮电部发行了邮票《天津民间彩塑》。同一天，非洲的扎伊尔共和国（今刚果民主共和国）也发行了同题材邮票《天津民间彩塑——钟馗嫁妹》。两套邮票，交相辉映，反映了天津民间彩塑艺术的突出成就和广泛影响。中外同时发行有关天津题材的邮票，尚属首次，它不仅引起了广大集邮爱好者的极大兴趣，而且也由此引发世人对天津民间彩塑艺术的重新认识和高度重视。

　　邮票是 "国家名片"，地方题材被选中并发行相关主题邮票，等于向全国乃至全世界作宣传，效果好。长期以来，邮票的选题一直由国家邮电部决定。1994 年，邮电部深化改革，允许每年增加十个左右的地方选题，这便给了全国各省、自治区、直辖市登上 "国家名片" 的机会。天津市集邮公司对首次由自己承担的"国家名片"设计工作极其重视,在成百上千个选题中,最终把目光集中在天津民间彩塑上。大家一致认为:由清末天津民间艺人张明山的彩塑而得名的"泥人张",不仅完美地继承了传统的泥塑技艺,而且在题材的范围、形象的塑造,特别是他独创的"袖里藏泥""像里见心""众里挑一"三绝技艺等方面,将天津民间艺术提升到一个新高度,张明山及其传人的作品已是中国优秀民族文化宝库中的一块瑰宝,更是天津地域文化的一朵奇葩。"泥人张"登上"国家名片",名不虚传,当之无愧。

《天津民间彩塑》特种邮票,由天津美术学院教师孟祥斌设计。那么,如何以几枚邮票就能比较理想地概括出具有百余年艺术历程的"泥人张"特色,并且在方寸大小的天地尽展"泥人张"的风采呢?经过反复比较,设计者最后确定选第一代张明山的《和合二仙》为第一枚票,第二代张玉亭的《吹糖人》《渔归》为第二、三枚票,第三代张景祜的《惜春作画》为第四枚票。选取三代人的代表作品集于一套邮票,很好地向世人呈现了"泥人张"的艺术特色。设计者们还为每件作品都加上一个底座,这样既保持了原作风貌,又烘托出其艺术品位。此外,为了突出天津民间艺术特色,邮票还以天津老街景及海河风光为底图。《天津民间彩塑》的整体设计,综合再现了彩塑艺术的历史性、民间性,指引观者对天津民间彩塑有更加完整的了解和认识。

与中国邮票《天津民间彩塑》同日发行的扎伊尔邮票《天津民间彩塑——钟馗嫁妹》,一套六枚,以连票形式完整地表现了"泥人张"作品《钟馗嫁妹》三段式结构布局的彩塑艺术,共计

29 个形象。这套扎伊尔发行的天津题材邮票，其六连票的独特形式颇受集邮者喜爱，笔者曾在天津集邮市场买到过一套。

扎伊尔位于非洲中部，有"非洲的心脏"之称。曾是比利时殖民地，称比属刚果，首府是利奥波德维尔。1960 年独立，与其西北方邻国同称刚果共和国，习惯上在两国名称后括注首都名称以示区别，刚果共和国（利奥波德维尔）简称"刚果（利）"。1964 年改国名为刚果民主共和国。1966 年其首都利奥波德维尔改称金沙萨，国名简称亦随之改为"刚果（金）"。1971 年改国名为扎伊尔共和国。1997 年恢复国名为刚果民主共和国。该国是非洲重要国家，其陆地面积排名非洲第二、世界第十一，人口数量排名非洲第四、世界第十六。当年中、扎两国相约同日发行"泥人张"邮票，既体现了两国人民深厚的友谊，也在世界上宣传了具有深厚文化底蕴和浓郁生活气息的天津民间艺术。

天津市邮票公司在邮票发行同日发行了系列邮品，包括《钟馗嫁妹》小本票、极限首日封、极限明信片、首发纪念封、绢封、纪念小版张、咭书型邮册、精装册、金银镶嵌封、特种工艺封等，以满足天津和全国集邮爱好者和各界收藏家不同档次的需要。"泥人张"第四代传人张锠、第五代传人张乃英等，参加了在天津市人民体育馆举行的首发仪式。《天津民间彩塑》发行后，天津集邮爱好者踊跃收藏这套邮票及相关邮品，还有很多市民到天津市艺术博物馆观看天津"泥人张"艺术展，通过彩塑实物与邮票作品的比较欣赏，更好地领略了天津民间艺术瑰宝的魅力。

俄罗斯图瓦共和国发行
《钟馗嫁妹》

► 俄罗斯图瓦共和国发行
的《钟馗嫁妹》邮票

　　1996 年 5 月 15 日，《天津民间彩塑——泥人张》小型张在海内外公开发行。这是天津题材的邮票首次在国际邮坛亮相，各地集邮部门和众多的邮迷十分看好，成为邮市的一个热点。

　　《天津民间彩塑——泥人张》海外小型张由俄罗斯图瓦共和国邮政发行。画面选取"泥人张"第二代传人张玉亭的大型彩塑《钟馗嫁妹》的一部分。这枚小型张在印刷上采用隐形齿孔新技术，不仅有助于防伪，也使国内邮迷第一次见识到国外的邮票新工艺。

　　"钟馗嫁妹"是中国古代一个流传甚广的民间传说。唐代开元年间，在终南山下住着一个人称钟学究的秀才，他的妻子因梦见天上的魁星下凡而生下一个儿子。钟秀才依照妻子的梦给儿子取名为钟馗，寓意他日后独占花魁，考中状元。父母先后谢世,钟馗与妹妹媚儿相依为命,过着穷苦的日子。等到可以进京赶考了,但钟馗家里一贫如洗,好心人杜平给了钟馗二十两银子作为盘缠。钟馗非常感激,拿了盘缠就立即去赶考。钟馗文章做得极好,终于名列榜首。但等到皇帝殿试完召见状元时,看到钟馗面目丑陋、狰狞难看,就不肯点他为状元。钟馗是个性子很急的人,他看到皇上竟然因为自己长得难看而不肯点为状元,气得连声大叫冤屈,愤然撞阶而死,一同应试的杜平将其安葬。钟馗做了鬼王后,为报答杜平对他生前的恩义,遂率鬼卒于除夕时返家,将妹妹嫁给杜平,并亲率众小鬼将妹妹送往杜家。"钟馗嫁妹"是古代绘画和戏剧的一个重要题材,受到人们普遍喜爱。

"泥人张"的《钟馗嫁妹》,是彩塑艺术发展史上的代表作品之一,现藏于天津博物馆。这组大型彩塑创作于 1924 年前后,以三段式的结构布局,包括第一段 20 人的仪仗队,第二段小妹乘轿等 5 人,第三段钟馗骑驴等 4 人,共计 29 个形象。它标志着"泥人张"彩塑的创作达到了一个新的艺术高度。

俄罗斯图瓦共和国发行的中国"泥人张"作品《钟馗嫁妹》邮票小型张,图案选取原作第三段,即骑驴的钟馗和打伞、挑担、牵驴的三个小鬼。这枚小型张的发行,是为了纪念中国邮政100 周年暨第九届亚洲国际邮展在北京举行。

1996 年 5 月 15 日,俄罗斯图瓦共和国邮政发行的《天津民间彩塑——泥人张》小型张开始在天津各集邮门市部发售。小型张的设计者孟祥斌和"泥人张"第五代传人张乃英,在东楼邮局为广大集邮者当场签名。这枚小型张笔者曾在天津集邮市场买到过。

1996 年 5 月 18 日至 24 日，第九届亚洲国际邮展在中国北京举行。为纪念亚洲邮展在中国举行，15 个国家和地区发行了以中国为内容的集邮品（包括邮票和小型张）。这些邮品有冈比亚发行的《世界名人——邓小平》、圭亚那发行的《北京颐和园》、格林纳达发行的《红楼梦——金陵十二钗》、瑙鲁发行的《南京六朝石刻——辟邪》、坦桑尼亚发行的《西湖》、斐济发行的《浙江雁荡山》、多米尼加发行的《黄山》、巴布亚新几内亚发行的《中山纪念堂》、尼加拉瓜发行的《黄鹤楼》、乌干达发行的《西安古墓壁画》、圣文森特发行的《大足石刻》、也门发行的《国际都市——上海》、加纳发行的《虎门山道观》、多哥发行的《河南帝后礼佛图》等。这些邮品均以中国的人物、风光、建筑、艺术为内容，将中国的文化和风光浓缩于方寸之中，充分反映了世界各国人民对中国人民的友好感情，以及对中国文化的热爱。俄罗斯图瓦共和国发行的《天津民间彩塑——泥人张》就是其中的一种。

邮票中的
天津历史文化

徐光启详记
天津文庙

徐光启（公元一五六二—一六三三）明代科学家

8分 中国人民邮政

J.58.(4-1) 1980

► 1980 年发行的徐光启
纪念邮票

　　提到闻名世界的中国明代大科学家徐光启与天津的联系，人们首先会想到小站稻。其实，小站稻的名称是从清代才开始有的，但徐光启在天津种植水稻的历史上留下了不可磨灭的功绩。

　　自汉代起，就有人提倡在天津地区种水稻。北宋时期，在界河（今海河）西岸塘泊地带便垦殖了稻田。明代，天津巡抚汪应蛟在城南葛沽、白塘口开田五千亩，其中有部分稻田，后来水田扩大到何家圈、双港、辛庄、羊马头、大任庄、咸水沽、泥沽、盘沽等处。但待汪应蛟一离津，稻田便大半弃置了。万历四十一年（1613），徐光启来到天津，他从调查入手，沿着海河踏勘土地，继而通过科学分析，充分肯定了水稻这种作物"南种北引"的可能性。徐光启认为津南可作水田的地方，无疑就是小站稻的原生地。为了在天津种成水稻，徐光启反复进行科学实验，改进农艺。他从江南召来很多农民，请有经验的老农指导种稻，自己不断深入海河沿岸稻田，反复试验，结果"三年大获其利"。他在农事上获得的这些经验，有的写入了其名著《农政全书》中。徐光启试种水稻的宝贵经验，终于在津南生根开花，明末清初葛沽一带产的稻米几乎与当时南方良种"白玉塘"齐名，被誉为"香粳"，初步具备了后来小站稻的一些特点。

目睹当时天津一带荒地多、地价贱、钱粮轻，徐光启便陆续把南方的良种如桑、甘薯、蔓菁、苎麻、苕荛等，以及观赏花草如五色鸡冠、各色老少年、罂粟、各色凤仙、蜡梅等移植到天津。甘薯，又称红薯，天津人俗称"山芋"，是从美洲经菲律宾在明代传入中国福建的。徐光启获悉江南水灾后大饥，"有言闽越之利甘薯者"，就从上海老家要来山芋秧，引种在天津自己住宅的小园里。

徐光启写《农政全书》，多采用天津见闻。如记天津人食蚂蚱："臣常治田天津，适遇此灾，田间小民，不论蝗蝻，悉将煮食。城市之内，用相馈遗。亦有熟而干之，鬻于市者，则数文钱可易一斗。啖食之余，家户困积，以为冬储，质味与干虾无异。其朝晡不充，恒食此者亦至今无恙也。"留下了一般史书不屑记述而却又十分珍贵的天津食品史料。

天津文庙，是天津市区规模最大、级别最高且保存完好的古建筑群。天津文庙始建于明代正统元年（1436），据《天津卫志》载："文庙，在东门内。明正统元年，天津左卫指挥使朱胜，照陵西按察司佥事林时，建言事例，奏准开设。本官遂将住居一所，施为学宫,首建堂斋公廨,十二年大成殿成。"可见天津文庙从建立初始,就与学宫(卫学)相互结合。卫学又称文学,是儒学的一种,是天津第一座官办学校。崇祯二年(1629),徐光启撰《重修天津卫学宫记》,称赞天津文庙(学宫)建成后,"道化翔洽,人才浸盛,科第蝉联,津成文明盛区"。

万历四十六年(1618),徐光启亲见天津学宫失修的惨状,"围垣、射圃、异井、亭榭咸就颓废,坠址多为左右侵占,水道淹塞,淫霖为浸,无岁不苦倾圮"《重修天津卫学宫记》。又说,"数祀来,风雨侵凌,虫蠹毁剥,自殿庑以致祠斋堂舍,所在颓檐破壁,纳日星,泡霜露,甚者垣危塘污",实在惨不忍睹。所幸的是,癸丑科进士石凤亭新任天津兵备一职,下决心重建新学宫。石凤亭张榜招贤,请能者承揽工程。新学宫建成后,石凤亭又为学宫捐赠十万余缗钱,置田二百亩,用于学宫田产,每年收入供学宫开销。

天津学宫的两位先生及诸多学生都邀请徐光启作《重修天津卫学宫记》,徐光启欣然撰文详述,然后刻碑留念。有此一记,足见徐光启对天津眷恋之深。

笔者在天津集邮市场买到过一枚邮电部1980年11月20日发行的徐光启纪念邮票,它是系列邮票《中国古代科学家(第三组)》中的一枚。票上徐光启画像的作者,是与天津缘分颇深的著名画家范曾。1981年7月,由《集邮》杂志编辑部举办的1980年最佳邮票评选揭晓,《中国古代科学家(第三组)》当选为最佳纪念邮票。

文庙名宦祠里的 "于青天"

▶ 《清正廉洁·于成龙立檄拒礼》 邮票

　　2022年岁末，为期一年的天津文庙保护修缮工程顺利完成，文庙博物馆重新对外开放。同时，该馆馆员、青年学者罗丹撰著的《天津文庙古今谭》一书出版。天津文庙这个天津市区规模最大、级别最高且保存完好的古建筑群，这个被列为天津市第一批而且在第一批中排名第一位的重点文物保护单位、特殊保护等级历史风貌建筑，再次为广大市民和游客所瞩目。

　　天津文庙，位于天津老城东门内，始建于明代正统元年（1436），是旧时天津府、县两级政府及民众纪念和祭祀春秋时期伟大思想家、教育家孔子的场所，现为天津文庙博物馆。天津文庙无论是府庙还是县庙，位于大成门与棂星门之间东、西两侧的偏殿，皆为名宦祠、乡贤祠。乡贤、名宦之祀由来久远，相传周朝有"祀先贤于西学"之制。宋元以后，名宦、乡贤祠祀逐渐转向庙学中。而真正把名宦、乡贤祀典在庙学普遍化并成为一种制度，是在明代。天津文庙府庙名宦祠由天津道黄中创建于明代嘉靖四十四年（1565），建筑为三开间，青砖硬山屋顶，覆青筒瓦，其内供奉着在天津做官时期政绩突出的政府官员的牌位。据《文庙贤儒功德录·名宦论》记载："凡州牧县令有惠政及民者，民必尸而视之甘棠，遗爱岂敢泯没，列俎豆勃勃如生。"

在天津文庙府庙名宦祠中，供奉着一位以清廉闻名天下的历史人物的牌位，他就是曾任直隶巡抚的于成龙。

于成龙（1617—1684），字北溟，号于山，山西永宁州（今山西省吕梁市方山县）人。清初就职于广西、四川、湖广、福建、直隶、两江等地，曾任知县、知州、知府、按察使、布政使、巡抚和总督等职，加兵部尚书、大学士衔。于成龙一生廉洁端严，政绩斐然，老百姓赞誉他为"于青天"和"于青菜"。"清端"，这是一个特有词条、专用词条，曾有人查遍辞书，也找不到对这一词条的解释。原来，这是康熙皇帝对于成龙专有的褒评，语载《清圣祖实录》。"清端"，即清廉之端也。于成龙在两江总督任上辞世几个月后，康熙皇帝巡视到江宁（今南京），对两江总督继任者和官员们说："朕博采誉评，咸称于成龙实天下廉吏第一！"雍正时期，于成龙被置于贤良祠中祭祀。乾隆皇帝多次遣官祭祀于成龙祠，并御书"清风是式"四字。

于成龙即使在成为高官后，依然生活清苦，粗茶淡饭，从不知享受，也不收受馈送。他的卧室里，除了书籍、朝服和煮饭器皿外，别无他物。于成龙曾对下属说："我生来无他嗜好，布衣蔬食免饥寒足矣。不知世间有享受事,亦不知馈遗交际欲何为计。俸入自给有余,要钱何用?"在直隶巡抚任上,于成龙对当时官场馈送结纳的风气深恶痛绝,到任即告诫州县官员,不许搜刮百姓馈送长官,如有违反,绝不宽宥。

于氏族规家训要求后人世代坚守"为人以仁存心,做官清正廉洁"的人生信条,于成龙的品格与其族规家训一脉相承。他始终以"仁"为入仕之本,时刻把民生疾苦、国家利益放在心上,以"廉"为官德之首,为官数十年如一日,清心寡欲,淡泊明志。于成龙的信念和事迹,对于今天的反腐倡廉具有很大的现实意义:作为官员,要有正确的义利观,廉洁奉公,为民谋利,方得受人敬重,方能行之久远;而要使一大批廉洁官员走上领导岗位,则需要党和国家加大反腐力度,进一步营造风清气正的政治环境。

因此,于成龙的牌位被供奉在天津文庙名宦祠,意义非凡。近些年根据于成龙史事改编的京剧、话剧、电视连续剧等,同样得到观众青睐。山西省话剧院演出的话剧《于成龙》反映的是,于成龙新任直隶巡抚时,大名知县赵履谦面对大量灾民却在县衙内伙同于成龙的小舅子、天津盐商邢家良呼朋唤友,大吃大喝,于成龙毫不迟疑地将赵履谦就地革职,将邢家良赶回天津。中央电视台先后两次以两个版本播放了于成龙题材的电视连续剧,第一个版本是2000年中央电视台播放的电视连续剧《一代廉吏于成龙》,第二个版本是2016年中央电视台播放的40集电视连续剧《于成龙》。两部电视剧表现的是同一个历史人物,皆赢得观众喜爱，拥有较高的收视率。

笔者在天津集邮市场买到过一套《清正廉洁（一）》特种邮票，系2018年中国邮政发行。该套邮票共四枚，画面选取从春秋到清代四个广为流传的居官正直、廉洁自律的人物故事：春秋子罕"不贪为宝"、东汉羊续"羊续悬鱼"、明代于谦"两袖清风"、清代于成龙"立檄拒礼"。在"立檄拒礼"邮票上，于成龙身穿官服，形象威严，身后有"严禁馈赠檄"字样，表现他任直隶巡抚时，大名知县在中秋节前给他送礼，他严词拒绝，并张榜颁布《严禁馈赠檄》，严令所属官员不准送礼行贿的故事。这样的"于青天"，使人肃然起敬。

徐霞客
曾游盘山

中国人民邮政

明代
地理学家、旅行家
徐霞客诞生四百周年
一五八七—一九八七

20分

J.138.(3-2) 1987

▶ 徐霞客纪念邮票第二枚

　　"早知有盘山，何必下江南"，这句广为流传的旅游广告式的话语，是清代乾隆皇帝发自内心的慨叹。天津蓟州盘山，以其绝世奇景吸引无数古人游历、吟咏，留下了众多弥足珍贵的历史文化遗产。盘山文化历史悠久，最早可以追溯到新石器时代。盘山清秀美丽的自然风光和久盛不衰的寺庙香火，吸引了魏武帝曹操、唐太宗李世民、辽太宗耶律德光、辽圣宗耶律隆绪、金世宗完颜雍等历代帝王到这里巡游、礼佛。清代，盘山成为皇家从京城去往东陵祭祖的重要通道。康熙帝 5 到蓟州，其中 4 次登临盘山。嘉庆帝 12 次登临盘山。尤其是乾隆帝，一生中共 32 次登临盘山，最多时一年 3 次登临。历史上著名的文臣武将如李靖、戚继光、朱彝尊、高士奇、张廷玉、刘墉、纪晓岚等，文人墨客如陈寿、郦道元、高适、陈子昂、方孝儒、汤显祖、袁宏道、袁中道、徐霞客、孔尚任、洪昇、魏源等，也纷纷登临盘山，留下很多佳话。其中作为中国古代著名地理学家、旅行家、文学家的徐霞客对盘山的游览和记述，尤受学术界重视。

徐霞客（1587—1641），名弘祖，字振之，号霞客，江苏江阴人。他早年博览群书，发现中国古代地理书籍在地理景观介绍等方面缺陷太多，遂决心亲自去探索大自然的奥秘。1607年，徐霞客艰苦的旅行探险生涯开始。他早期旅行以登名山、览胜迹为主，晚期则投入系统的地理考察，着重探索自然的奥秘和规律。徐霞客的旅行生涯前后长达30年，东至浙江的普陀山，西至云南的腾冲，南至广东一带，北至天津蓟州的盘山，足迹遍及大半个中国。他对各地地理、水文、地质、植物等进行了详细考察，并按日记载。后人将其日记整理成《徐霞客游记》。该书六十余万字，文字清新简练，引人入胜，不仅是一部珍贵的地理资料，也是一部精彩的文学作品。

关于徐霞客北游盘山，在其游记中并无记载，与盘山有关的地方志也无记载，周围亦无此口碑、稗史。但从所发现之旁证中，证明了徐霞客确曾考察过盘山。明右中允陈仁锡跋黄道周《丹阳道中赠徐霞客》诗云："霞客游之奇无如盘山一游。余归自宣锦……一过崆峒访道之处，有盘山焉，竟数日不能去。所见古松百株，半挂藤萝半星斗，疑野僧，疑诗鬼。归示霞客，霞客踵及燕山，剑及云中，无何乃勇至。"文中介绍徐霞客在听了陈仁锡介绍盘山的胜景之后，不久即到盘山游历。

1997年夏，海内外七十余名专家学者参加了中国徐霞客研究会组织的盘山考察研究活动。通过实地考察和深入研究，作出了徐霞客曾游历过盘山的肯定结论。据与会的蓟州学者金振东先生记述，有专家认为：徐霞客游北京及盘山，"深疑曾作记亡失"，"霞客对于盘山屡次怀念，恐怕也是有记而亡矣"。徐霞客去世四年后，清兵入关，徐氏家乡遭到浩劫，部分稿本散失，而盘山游记当毁于此次战火。倘若有朝一日或有抄本披露于世，中有盘山游记，实乃天下一大幸事也。

笔者在天津集邮市场买到过一套中国邮政1987年发行的《明代地理学家、旅行家徐霞客诞生四百周年》纪念邮票，全套三枚，分别表现徐霞客"摒绝仕途，矢志远游""岩栖穴处，排日记程""登必至极，穷途不忧"三方面的游历生涯。其中第二枚"岩栖穴处，排日记程"表现的是徐霞客在溶洞中借助松明火把挥笔撰写游记的情景。这套邮票的设计者是高云，画家运用中国画中工笔重彩的表现手法，用笔细腻，色彩明丽，使邮票显得古朴典雅、庄重大方。

顺带值得一提的是，在清代乾隆年间，天津也出现了一位著名旅行家金玉冈。他出身名门而不乐仕进，"以家事付诸弟，一杖一笠一仆，负橐被恣情名山邃谷间"，"凡天台、雁荡、黄山、九华、嵩高、太华、泰岱、天山、西藏，无不探奇缒险，穷其胜向后已"，并将所见所闻，或记以诗歌，或托于书画，"一时士林誉之为'天津的徐霞客'"。

甲午战争中
北洋水师与天津

▶ 2018 年发行的《近代民族
英雄·邓世昌》邮票

　　1894 年至 1895 年中国军民抗击日本侵略的战争，因爆发于
1894 年（光绪二十年），其干支为甲午，史称"甲午战争"。

　　1879 年至 1881 年，清政府在英国订造的军舰先后到位，北
洋海军初具规模，北洋大臣李鸿章于是奏请以提督丁汝昌统领
北洋水师。1885 年中法战争结束，福建水师全军覆没。清政府
正式设立总理海军事务衙门，任命醇亲王奕譞总理海军事务，
李鸿章等协办。

　　天津是北京的海上门户，所以总理水师营务处、海防支应
局、军械局、水师学堂、储药局施医总医院、大沽船坞等都设在
天津；"定远""镇远""致远""济远""靖远""经远""来远"
等主力舰只购回，也都要先在大沽口外检阅。特别是天津水师学
堂，规模"宽宏齐整"，设有驾驶、管轮两个专业，培养出大批海

军人才，起到了"开北方风气之先，立中国兵船之本"的作用。天津遂成为清王朝的海防指挥中心。

1886 年，总理海军事务的醇亲王奕譞巡阅北洋海军，先到天津，然后由紫竹林新关码头乘船出入大沽口，赴旅顺、烟台，看海军阅操表演。奕譞在津期间，先视察了刚刚成立的武备学堂，旋登"快马"轮船至大沽；在大沽口外检阅了海军各舰艇；然后赴旅顺、烟台。回到天津后，又视察了天津机器局总局（东局）、水师学堂。还视察了海光寺局（西局），参观了枪弹、炮弹和西洋乐器的制造过程。在视察了西沽武库之后，奕譞一行返回北京。

1887 年，中国所有在外订购的军舰已全部到位，加上原有的自造舰只，北洋水师的舰艇总数达到五十余艘，计五万余吨。1888 年，北洋水师正式成立。

北洋水师的主力舰艇中，如"济远""经远""来远"等，都有天津水师学堂的学生任职。在邓世昌统率的"致远"舰上，天津水师学堂的学生就更多了，如帮带大副陈金揆、鱼雷大副薛振声、鱼雷二副黄乃谟、鱼雷三副杨澄海、船械三副谭英杰，他们都在海战中牺牲。而毕业于天津水师学堂的"致远"船械三副郑纶于海战后获救，在清末重建海军时任"江利"舰管带，民国时期历任海军军衡长、南京海军军官学校校长、南京雷电枪炮学校校长等职，成为中国近代海军史上一位重要人物。"靖远"舰船械三副郑祖彝等天津水师学堂的毕业生，在海战中也是英勇拼杀。清末重建海军时郑祖彝任舰队一等参谋官，民国时曾任烟台海军学校校长，为中国海军培养了大批人才。

后来担任天津南开大学校长的著名教育家张伯苓，1894年作为学堂的优秀毕业生前往北洋水师实习。北洋水师全军覆没，使得能够完成毕业上舰实习的舰船都没能留下，这使张伯苓义愤填膺。

在1894年中日甲午战争中，天津是中国陆海军指挥中心和后勤兵站基地，地位十分重要。虽然天津没有成为战场，但"畿辅海面，北起榆关（山海关），南抵山东，边境亘延几及千里，而以天津为中权股肱之郡"。李鸿章始终坐镇天津和芦台指挥一切，可以说战争时期的"根本重地，无逾天津"。甲午战争战败后，在不得已的情况下，清政府根据李鸿章的建议，先后派津海关税务司德璀琳、户部侍郎张荫桓赴日谈判，均被日本拒绝；最后只得由73岁的李鸿章亲自出马，翌年他率随员乘船离津赴日，签订了《马关条约》。

笔者在天津集邮市场买到过一套《近代民族英雄》纪念邮票，系在2018年7月29日由中国邮政发行的。这套邮票共五枚，采用传统中国画技法创作，分别描绘了关天培、林则徐、冯子材、刘永福、邓世昌等家喻户晓的近代民族英雄。其中第五枚表现了著名爱国将领、北洋水师"致远"舰管带邓世昌在黄海海战中手握望远镜指挥官兵作战的沉着冷静和大义凛然。

天津轮船
招商局

▶ 2012 年发行的招商局成立
140 周年纪念邮票（3–1）

2022 年 10 月 10 日，中国邮政发行《招商局成立 150 周年》纪念邮资明信片一枚。明信片主要图案采用设在香港的招商局总部大楼，结合以浪花为创意形态的数字"150"，表现招商局"乘风破浪，奋勇向前"的风貌，展示这块"金字招牌"在新时代肩负起新的使命，勇做行业的引领者与开拓者。

鸦片战争后，西方列强得到中国沿海及内河的航行权，传统漕运受到严重打击。清政府洋务派代表人物、直隶总督兼北洋大臣李鸿章提出成立官督合办的轮船企业，与外资抗衡，以免中国航运业完全落入外商之手。轮船招商局创立于 1872 年 12 月 26 日，在上海正式开业于 1873 年 1 月 17 日，是中国第一家自办自营的航运企业，也是洋务运动中由军事企业转向兼办民用企业、由官办转向官商合办的第一家企业。轮船招商局主要从事江浙漕粮运输及各种客货运输业务，设天津、汉口、香港、长崎、新加坡、吕宋等 19 个分局。1877 年，轮船招商局收购了美商旗昌轮船公司的所有产业，成为当时规模最大的轮船公司。1885 年，盛宣怀奉命整顿，由官商合办改为官督商办。1951年，招商局（上海总公司）收归国有，改称中国人民轮船总公司。而在香港注册的招商局，仍沿称"招商局轮船股份有限公司"，隶属于中华人民共和国交通部直属的在港中资企业。1999年，香港招商局成为中央直接管理的 39 家国有重要骨干企业之一，同时为香港四大中资企业之一，总部设在香港上环信德中心招商局大厦。

招商局历史悠久、地位重要，有关招商局的邮资票品也历来为集邮界所重视。国民政府邮政部门曾发行了一套招商局 75 周年（1947 年）纪念邮票，共四枚。新中国最早有关招商局的邮资票品，是 1992 年发行的一枚《招商局成立 120 周年》纪念邮资封。2002 年，发行了一枚《招商局成立 130 周年》纪念邮资片。

2012 年，为纪念招商局成立 140 周年，中国邮政发行了《招商局》特种邮票。全套三枚邮票以海浪作为主要视觉元素，"招商局"三个金色正楷字凸显邮票主题，票面整体贯穿了招商局踏浪前行的开拓精神。第一枚《浦江创业》，画面主体为招商局购买的第一条商轮"伊敦"轮，船上悬挂双鱼旗，背景为上海外滩9 号楼远景，即招商局旧址。左上角是"总办轮船招商公局关防"印章。邮票以金黄色调为主，体现招商局厚重的历史。第二枚《蛇口开发》，画面主体为日新月异的蛇口新貌，背景为"时间就是金钱，效率就是生命"的标语牌和繁忙的港口等。邮票以蓝色调为主，反映招商局在蛇口工业区取得的辉煌成就，表现改革开放带来的巨大变化。第三枚《再创辉煌》，画面主体是招商局香港总部，背景左边是上海外滩中国通商银行旧址和招商局印章，右边是深圳招商银行大厦及其银行卡中的金葵花元素，此外还有 1873 年招商局发行的招股书和 K 线图。邮票以红色调体现招商局再创辉煌，同时寓意其更加广阔的发展未来。为配合中国邮政发行《招商局》特种邮票，中国集邮总公司同时发行首日封一套三枚，启用纪念戳一枚。

　　天津是洋务运动的中心城市，也是中国近代航运事业的策源地。在天津近代史上，轮船招商局有着浓墨重彩的一章。1872 年，以李鸿章为代表的洋务派在天津、上海联络商人，召集资本，选购船只，招聘人员，开办轮船招商局。因系招商兴办，定名为"轮船招商公局"，后改为"轮船招商局"。轮船招商局最初的航线，以"福星"号轮往来于天津与上海之间。自 1873 年始，清政府每年拨江浙海运漕米 20 万担由招商局轮船运至天津，再由直隶总督筹备驳船转运至京师。天津轮船招商局初时设在英租界河坝道旧门神爷庙（后来的和平区台儿庄路与太原道交口。一说设于紫竹林一带的咪哆士洋行内）。天津轮船招商局在英、德租界均建有码头、栈房。它的开设打破了西方列强对天津航运业的垄断局面。招商局成立之前，天津港尚无中国籍轮船出入；招商局成立后，其轮船数量很快就超过英籍轮船而居天津航运业首位。天津轮船招商局旧址位于今解放南路与浦口道交口东南侧，为三层西式楼房，20 世纪末被拆除，原址现为创展大厦。

由于轮船招商局在天津近代史上的重要地位，轮船招商局纪念邮品也是天津集邮爱好者乐于收藏和研究的对象。前几年笔者曾在集邮市场见到一个 1948 年自天津寄往美国的信封，使用的是招商局 75 周年纪念封，贴有招商局 75 周年纪念邮票一套，盖有中、英文天津邮戳。这件邮品中的纪念信封实属少见，而整件邮品对于天津而言无疑具有较高的历史价值。

由扶轮学校
说到扶轮社

▶ 泰国 2005 年发行的国际扶轮社成立 100 周年纪念邮票

　　2023 年是已故著名历史学家、南开大学教授来新夏先生诞辰 100 周年。1931 年，来新夏以"天津扶轮小学生"的身份，同时在天津最有影响的两大报纸《大公报》和《益世报》上发表文章，开启了他八十余年的写作生涯。来新夏的父亲当时在北宁铁路局工作，扶轮小学是北宁铁路局的子弟学校，后来曾经改称天津铁路分局职工子弟第一小学，是一所百年历史名校。来新夏先生是扶轮小学的杰出校友，他在校学习期间作为一名少儿作者刊文于天津两大报纸，宣传了"扶轮"，为这块牌子增添了光彩。

　　在天津市今河北区，距离扶轮小学不远，还有一所以"扶轮"命名的百年历史名校，即扶轮中学。天津扶轮中学于 1918 年建立，是中国第一所铁路中学。

　　1918 年 2 月，京汉、京奉、京绥、津浦铁路职工联合发起组织"铁路同人教育会",会长由时任交通部次长的叶恭绰担任,副会长由时任交通部路政司司长的关庚麟担任,董事由时任交通部次长的徐世章、总工程师詹天佑等 12 人担任。为切实解决铁路职工弟子的上学问题,"教育会"以"扶轮公学"为统一校名,在铁路沿线筹建员工子弟学校。天津扶轮中学作为其中之一,最初的名称为"天津扶轮公学第一中学"。1922 年,该校更名为"交通部扶轮第一中学校""交通部部立天津扶轮中学校"。1929 年,更名为"铁道部部立天津扶轮中学"。1937 年,校址被日本侵略者强占,该校部分教职员转移到大后方继续办学。1946 年,在天津原址复校,校名为"交通部部立天津扶轮中学",面向交通部所属的路、电、邮、航等系统员工子弟招生。1950 年,改称"天津铁路职工子弟中学",面向天津铁路管理局内铁路职工子弟招生。1963 年,改称"天津铁路职工子弟第一中学"。2005 年,改称"天津市扶轮中学",重启"扶轮"之名。该校现在使用的校徽,其构图中央仍用当年叶恭绰所书"扶轮"二字,以表示对学校悠久历史传统的珍重。

享誉世界的数学大师、南开数学研究所名誉所长陈省身先生,是扶轮中学的杰出校友。陈省身于 1922 年随父母来到天津,次年插班进入扶轮中学。他经常在《扶轮》校刊上发表解题方法和诗歌作品。因当时该校实行四年学制,陈省身于 1926 年正式毕业,考入南开大学。自 1980 年 8 月 20 日起,阔别扶轮半个多世纪的陈省身七次回母校"探亲"。他在为母校的题词中表达了对扶轮的感念之情:"我的数学事业是从扶轮开始的。"

百年名校扶轮中学和扶轮小学皆由铁路部门兴办,"扶轮"一词肯定与铁路有关。那么"扶轮"究竟有何含义呢?

先秦时期,一辆战车上通常有三名乘员,即主帅、驭手、骖乘。每当遇到艰险难行的道路,骖乘会下去推车,还要"扶正车轮",确保车辆不发生事故,以保证主帅的安全。此时,骖乘的"扶轮"已经有了"辅佐""护佑"的含义。《楚辞·远游》中有一句"凤凰翼其承旗兮",东汉王逸在《楚辞章句》中注明此句为"俊鸟夹毂而扶轮也",意思是说,在乘车旁边飞行的凤凰好比是卫士翼护着车轮,即"扶轮"也。

说起"扶轮",必须要谈到国际扶轮社。国际扶轮社是世界上最悠久的由职业人士组成的服务性社团组织,它鼓励崇高的职业道德,提供慈善服务,并致力于国际友谊。扶轮社1905年始建于美国芝加哥。迄今,国际扶轮社在全球所有国家几乎都有分社。中国第一个扶轮社于1919年在上海成立。天津扶轮社成立于1923年,迄今已有百年的历史。

民国初期,中国的铁路建设快速发展,为了解决铁路职工的后顾之忧,相关人士想方设法创办铁路系统自己的教育体系。1917年,山西大同的铁路工人为解决子弟入学问题,首创了全国第一所铁路小学,借中国传统的"扶轮"寓意与国际扶轮社的宗旨,加上铁路上铁轨对车轮的把控、扶助作用引发的对"扶轮"的联想与理解,遂将其定名为"扶轮小学堂"。随后,各地铁路员工纷纷效仿,建立子弟学校,中、小学名称均冠以"扶轮"二字。其意在取"扶轮""公益教益"的公德意识,兼有"兴办铁路职工子弟学校，以扶持、扶助、辅佐、护佑、施恩报效"的内涵。由此，"扶轮"就与铁路教育紧密地联系起来，培养了一批又一批品学兼优的栋梁之材。

笔者曾在天津集邮市场买到过很多国家和地区发行的国际扶轮社纪念邮票，包括巴西、韩国、泰国、澳大利亚、菲律宾、吉布提、津巴布韦、奥地利、哥伦比亚、巴拿马、日本、毛里塔尼亚、意大利、德国、芬兰、克罗地亚、美国、马拉维、比利时、阿根廷、哥斯达黎加、希腊、加纳、塞拉利昂、斐济、摩纳哥、圣马力诺、新喀里多尼亚、百慕大群岛、根西岛等国家和地区，这些纪念邮票上大多印有国际扶轮社的徽章车轮图案，也有的是火车图案。

国际狮子会来华
首设天津

　　据新华社报道，国务院总理李强于 2023 年 12 月 10 日在人民大会堂会见国际狮子会会长希尔一行。李强赞赏国际狮子会对全球和中国慈善公益事业的热忱投入和作出的积极贡献，感谢其长期大力支持中国防盲治盲事业。他表示，中华民族有着乐善好施、扶危助困的优良传统。中国政府高度重视慈善公益事业发展，鼓励并支持社会组织在其中发挥积极作用。希望国际狮子会与中国残联、中国狮子联会加强交流合作。中方愿与国际狮子会携手努力，为世界和平、发展与人类进步作出更多贡献。

　　提到"狮子会"，有些人可能会联想到中国传统的狮子会。例如天津北仓的"随驾狮子会"，是北辰区久负盛名的一道传统花会。据传，该花会于明代永乐六年（1408）建会，其前身为大鼓会，表演者身披铠甲，肩负大鼓，载歌载舞。在清代，天津民间出庙会，花会表演者采用此形式为庙中"娘娘"出巡时开路护驾，因而得名"随驾狮子会"。在首次全国非物质文化遗产代表作申报中，"随驾狮子会"被列为天津市北辰区民族民间文化资源的代表项目。

国际狮子会，则与中国民间传统的狮子会没有任何关系。国际狮子会是国际狮子会俱乐部协会简称，是一个国际性的慈善服务社团，是联合国经社理事会所联系的非政府团体组织。该协会是由美国芝加哥一位年轻的保险代理梅尔文·琼斯于1917年创建，吸收了当地25个原以商业为背景的俱乐部参加，经逐步发展，截至2006年，已在182个国家和地区设有七百多个分会组织，会员人数约一百八十万，来自各行各业，以商人和专业人士为主。

作为全球最大的服务组织，国际狮子会以"我们服务"为口号，宗旨是向社会提供各种服务，向一切需要帮助的人提供援助，增进友谊，维护和平。其业务活动范围相当广泛，包括医疗卫生、伤残护老、环境服务、公民教育和减灾扶贫等。

国际狮子会的英文名称是 LIONS，其中 L 代表 Liberty（自由），I 代表 Intelligently（智慧），O 代表 Our（我们的），N 代表 Nation's（民族的），S 代表 Safety（安全）。这几个字母连在一起就成了 LIONS，在英文中恰好是"狮子"的意思，于是大家便将该组织称为"狮子会"。

1926年，国际狮子会进入中国，在天津建立了第一个分会，称"万国狮子会天津分会"。1931年9月3日天津《大公报》报道："此次江淮流域洪水为灾，人民之荡析流离者数逾五千万……疫疠转盛，旅津各国侨商对此浩劫咸具同情，特由本埠狮子会联合扶轮社及外国各商会等组织天津侨商水灾救济会，并已由狮子会及扶轮社分别致电美国总会，转请各分会尽量捐助……"1937年6月，国际狮子会天津分会委托东马路青年会代办"施茶车"，以茶水免费提供给在溽暑烈日下奔跑谋生的"车夫苦力"。1926年至1941年的15年间，国际狮子会天津分会多次在津举办社会服务事业，如粥厂、冬赈、助学金等。太平洋战争爆发后被迫停止工作，抗战胜利后恢复活动。1949年，国际狮子会暂时撤出中国大陆。中国改革开放后，国际狮子会再次归来。

1990年，国际狮子会发起"视觉第一"行动，筹集一亿四千多万美元用于全球的防盲治盲工作，开展了国际狮子会有史以来最大的慈善服务活动。2005年6月，在香港举办的国际狮子会年会上，中国残联进行了"视觉第一行动"项目展览。为突出项目实施成果，体现中国社会各界和白内障患者广泛参与项目实施，并展示中国文化特点，需邀请一位会剪纸的白内障患者带着作品参加活动，并当场献技，有108个国家的一万多名会员参观。天津市西青区一位白内障患者、退休教师，经过在全国层层筛选和中国残联到她家实地考察，有幸被选中前往香港参加活动。

国际狮子会成立于美国，但最早发行国际狮子会邮票的国家却是古巴。1940年国际狮子会年会在古巴首都哈瓦那举行，古巴邮政为此特别发行了首枚国际狮子会纪念邮票。迄今已有上百个国家发行过国际狮子会纪念邮票，西非的马里共和国是发行国际狮子会邮票最多的国家。在中国，深圳等城市还成立了狮子会集邮俱乐部，笔者在天津集邮市场也曾搜集到很多种国际狮子会纪念邮票。

辛亥革命
北方中心在天津

► 盖有"天津府"邮戳的
帆船邮票

2021 年是辛亥革命 110 周年。110 年前，以孙中山先生为代表的革命党人发动了震惊世界的辛亥革命，推翻了清政府，结束了在中国延续几千年的君主专制制度，近代以来中国发生的深刻社会变革由此拉开了序幕。

2021 年 10 月 10 日，中国邮政发行《辛亥革命 110 周年》纪念邮票一套 1 枚。全套邮票面值 1.20 元，计划发行数量为 670 万套。这套邮票由冯远设计，票面展现了武昌起义时期革命志士高举大旗武装推翻封建统治的场景，色彩凝重，层次丰富，人物生动。邮票由北京邮票厂有限公司采用影写版工艺印制，通过紫外灯照射，票面可呈现出红色火光的艺术效果。

2011 年，在纪念辛亥革命 100 周年之际，经史学专家重新论证，确认了天津作为辛亥革命北方中心的重要地位。

　　武昌起义爆发前，国内各种矛盾空前激化。天津是距北京最近的沿海开放城市，当时不仅是接受近代民主思想的前沿，而且是革命党人频繁活动的据点，被革命者视为"中国北部政治运动的中心"。辛亥革命前夕，孙中山派廖仲恺来津筹建同盟会。武昌起义爆发后，革命党人竞相来津秘密策划和组织各种革命活动：鄂军军政府派胡鄂公以全权代表身份来津领导北方革命，于1911年12月14日在天津英租界成立了北方革命协会；沪军都督府参谋、革命戏剧家王钟声潜来天津，准备组织武装起义；中国近代地理学的奠基人、同盟会员张相文及白雅雨借机组织北方共和会，策动驻滦州新军举义，同时请求南方革命政府派民军北上，里应外合，直取京津；同盟会员丁开嶂被湖北军政府任命为铁血军长，"立军部于法租界"，准备领导"榆关东西、长城南北"的武装起义；"天津暗杀团"团长薛成华亲自在北站行刺天津镇总兵张怀芝，未果牺牲……由于实力分散，各自为战，缺乏彼此间的沟通与联合，所有革命行动均告失败。但是革命党人在天津的活动影响很大，使清朝权贵胆战心惊，令人民大受鼓舞，加速了清王朝的覆灭。

　　目前，天津尚有几处保存较为完好的辛亥革命遗址：河北公园（今中山公园）——1912年8月24日，孙中山曾在此发表演说，阐述爱国救国纲领。广东会馆（今天津戏剧博物馆）——1910年12月21日，李大钊在此持书请愿；1912年8月24日，孙中山在此发表演讲。北洋女师范学堂（今天津美术学院）——辛亥革命期间，北方共和会创建者之一白雅雨发动该校学生秘携炸弹至保安、张家口一带，准备暴动。为躲避检查，女学生把炸药捆在身上，伪装身孕，长枪则放在棺材里，借出丧巧妙过关。天津总站（今天津北站）——1912年1月26日，"天津暗杀团"曾在此谋刺天津镇总兵张怀芝……由此可见，辛亥革命为天津留下了深刻的烙印。

中华民国成立后，清朝的邮票即不应再用，当时掌握北京邮政总办实权的法国人帛黎下令在清朝发行的15种蟠龙、跃鲤、飞雁邮票以及8种欠资邮票上加盖"临时中立"字样准备使用。1912年2月24日，南京临时政府交通部致电袁世凯："只可将邮票加印'中华民国'四字，一律通行，以应目下邮件之用。"然而，帛黎并没有完全按照临时政府的电报办理，只是在已经横向加盖了"临时中立"的蟠龙邮票上，又在垂直方向加盖"中华民国"四个字，这就成了"中华民国临时中立"加盖邮票。1912年3月19日，临时大总统孙中山亲自打电报给袁世凯，表示反对，并明确指出："请令帛黎转电各处，必须无'临时中立'字样方许发行。"

1913年5月5日，中华民国邮政正式发行了第一套普通邮票。全套19枚，分用三种图案：半分至1角，绘满帆航行中之帆船一艘，背景为火车一列驶于大铁桥上；1角5分至5角，绘农夫刈穫稻禾图，背景为北京先农坛，两旁边框刊麦穗二株，寓重农之意；1元至10元，绘北京辟雍圜桥门正景，辟雍为皇帝讲学之所，寓国家提倡教育之意，通称"宫门票"。全套邮票虽有三种图案，但通常统称为"帆船票"。这套邮票发行了三次，1913

年发行的邮票是由英国伦敦华德路公司承印的，称"伦敦版"。
次年因第一次世界大战爆发，不能继续在英国印制，改由北京财
政部印刷局印制，于1914年发行第二版帆船邮票，邮票图案与
伦敦版相似，全套总共为22枚，称"北京老版"。1923年由北京
财政部印刷局印制的第三版，全套22枚，称"北京新版"。

　　清末民初，天津是中国邮政的中心城市，也是中国与世界各
国之间通信联系的重要枢纽，因此，辛亥革命胜利后邮政的变
化，也鲜明地体现在天津使用的邮票上。笔者在天津集邮市场买
到过二联民国第一套普通邮票"帆船票"1分信销票，邮戳上有
中文"天津府"及邮政式拼音"TIENTSIN"字样。天津府，设于
清代雍正九年（1731），1913年4月被民国政府撤销。因此，在
民国邮票上盖"天津府"邮戳，其时间是非常短暂的。这一时期，
除"天津府"邮戳外，还有"天津城"邮戳，但更多的是"天津"
字样的邮戳。

邓颖超与天津的
深厚感情

▶ 邓颖超诞生一百周年
纪念邮票

2022 年 7 月 11 日，是伟大的无产阶级革命家、政治家，著名社会活动家，坚定的马克思主义者，党和国家的卓越领导人，中国妇女运动的先驱邓颖超同志逝世 30 周年纪念日。邓颖超同志生前曾说："我的童年，我的青少年时代都是在天津度过的。我的学生生活，我的革命生活，是在天津度过和开始的。我在天津参与创建了共青团，加入了中国共产党。我对天津这个地方，我对天津各族同胞，是有深厚感情的。天津是我的第二故乡。"（中共天津市委员会：《邓颖超同志永远活在天津人民心中》，刊于 1992 年 8 月 3 日《天津日报》第 1 版）

1910 年，6 岁的邓颖超随母迁居天津。1916 年，邓颖超就读于直隶女子第一师范学校。她深感妇女在社会上倍受压迫，主张男女平等、婚姻自由、开放女禁。她写的一篇五百多字作文《对蔡松坡先生逝世感言》，充分表达了对蔡锷将军的景仰及"谋国家进步"的志气。

1919 年，五四运动爆发，邓颖超积极投入爱国学生运动。她担任"女界爱国同志会"的讲演队长和"学生联合会"的讲演部长，向群众宣传形势，痛陈亡国的危险，声讨卖国贼的无耻，控诉北洋政府的残酷迫害。同年 9 月，进步团体"觉悟社"在天津秘密成立。邓颖超作为年龄最小的成员，和周恩来等同志并肩战斗，探求革命真理，与反动势力作斗争。她写的《觉悟社社歌》歌词："世界潮流，汹涌澎湃，来到中华地。社会革命，阶级战争，青年齐努力。二十几个同志们，大家携手做先驱，奋斗牺牲是精神，推翻恶势力"，道出了进步群众的心声。她还与"觉悟社"其他成员一起，发起成立妇女进步团体"女星社"，创办了被称为"中国沉沉女界报晓的第一声"的《妇女日报》。1923 年，又组织了"女权运动同盟会"，为争取被压在社会最底层的中国妇女解放而奔走呼号。1924 年初，天津社会主义青年团成立，邓颖超是第一批团员之一，也是组织者之一。她先后担任团支部宣传委员、团地委委员，并参与组织了天津学术演讲会、天津反帝大同盟、教职员联合会等进步社团，同时深入天津各大纱厂，调查研究工人状况，启发工人的阶级觉悟。

1925 年 3 月，邓颖超由中国社会主义青年团团员转为共产党员，曾担任中共天津地委妇女部长。不久，在国共合作的高潮中又被派参加国民党，担任国民党省党部委员、妇女部部长。她高举妇女解放和统一战线两面旗帜英勇战斗，为推动天津人民的反帝爱国斗争发挥了重要作用。1925 年 7 月，在海河畔生活了 15 年的邓颖超奉党的指示离津南下，开始了新的战斗历程。

新中国成立后，邓颖超先后担任多项党和国家的重要领导职务，尽管工作繁忙，但她仍然惦记着天津的建设和发展，惦记着天津人民。1959 年、1964 年、1983 年、1984 年、1986 年，她多次到访天津，对天津各方面的工作给予极大的关注，对天津人民给予无微不至的关怀。

邓颖超是在天津开始的革命生涯，也是在天津与周恩来相识、相知、相恋，他们对天津有着极其深厚的感情。1976 年周恩来逝世后，部分骨灰撒在天津海河。1992 年邓颖超逝世后，遵照她的遗愿，骨灰也撒在了天津海河。1998 年，周恩来邓颖超纪念馆在天津建成。

天津的集邮爱好者喜欢收藏有关邓颖超题材的邮品。1992 年 7 月 18 日，为纪念邓颖超骨灰撒放天津海河，天津市邮票公司特制纪念邮戳一枚，在全市各集邮门市部加盖于《天津风光》邮资明信片上。1994 年 2 月 4 日，为纪念邓颖超诞辰 90 周年，天津市邮票公司发行纪念封一枚。

2004 年 2 月 4 日是邓颖超诞辰 100 周年纪念日，国家邮政局为此发行一套纪念邮票。邮票首发式在天津周恩来邓颖超纪念馆举行，邮票设计者、中央美术学院天津籍教师马刚现场为集邮爱好者签名。"邓颖超同志诞生一百周年"纪念邮票一套两枚，以邓颖超学生时代和晚年的两张照片为版本，采用素描雕刻版，突出了含蓄、凝重的特点，体现了老一辈革命家的风范。为配合这套邮票的发行，天津市邮政局在周恩来邓颖超纪念馆设立临时邮局，天津市集邮公司专门制作了首日封、极限片、邮折、专题册等邮品，并专门刻制了邮票首日戳、周恩来邓颖超纪念馆风景戳供集邮爱好者加盖。

士子楷模
侯德榜

　　由天津大学与天津保利剧院管理有限公司共同推出的话剧《侯德榜》，2021 年 10 月在天津大剧院歌剧厅上演。天津大学建校 120 周年原创献礼大戏《侯德榜》，是由中国科学技术协会发起的国家级项目"共和国的脊梁——科学大师名校宣传工程"入选项目之一，旨在反映中国近代民族化学工业的奠基者、著名化工学家、天津大学（北洋大学）教授侯德榜先生的事迹和精神。全剧展现了侯德榜波澜壮阔的一生，展现了这位"科技泰斗，士子楷模"的赤子爱国之心、振业兴邦之志、鞠躬尽瘁之情、实事求是之魂，用其笃信科学、实业救国的崇高精神感染一代学子。

　　侯德榜是中国的骄傲，更是天津的骄傲。侯德榜（1890—1974），名启荣，字致本，福建闽侯人。1911 年考入北京清华留美预备学堂。1913年以优异成绩被保送美国麻省理工学院化工科学习。1917年毕业，获学士学位，再入普拉特专科学院学习制革，次年获制革化学师文凭。1918年参与哥伦比亚大学研究院研究制革，1919年获硕士学位，1921年获博士学位。1921年，侯德榜接受天津永利制碱公司总经理范旭东的邀聘，离美回国，承担起续建碱厂的技术重任，出任永利技师长（即总工程师）。1926年6月29日，永利生产出超过卜内门的优质碱。同年8月，在美国费城万国博览会上，永利的"红三角"牌纯碱被授予金质奖章。1927年起，侯德榜在永利化学工业公司任总工程师兼塘沽碱厂厂长。1934年，永利公司为了"再展化工一翼"和生产化肥，决定建设兼产合成氨、硝酸、硫酸、硫酸铵的南京铔厂，任命侯德榜为厂长兼技师长，全面负责筹建。1937年1月，这座重化工联合企业建成，一次试车成功，正常投产，技术上达到了当时的国际水平。该厂与永利碱厂一起奠定了中国化学工业的基础。1945年日本投降不久，范旭东逝世，侯德榜继任总经理，全面领导永利化学工业公司的工作。他立即组织恢复永利塘沽碱厂与南京铔厂的生产。新中国成立后，侯德榜当选为中国化工学会理事长、中国科协副主席，并任化工部副部长等职。1955年起，受聘为中国科学院技术科学部委员。

侯德榜受聘担任永利制碱公司总工程师时，身为留美博士，却整天穿着一身蓝领工装、一双工作胶靴。他把西装收进箱子，说："这西装留到庆功会上再穿吧！"就这样，他吃住在厂里，攀高塔，钻炉窑，日夜奋战，从不提及家庭之事，同事们都以为他还是单身汉呢。经过十几个月的奋斗,"永利"开工投产,中国第一次有了国产的纯碱。侯德榜力敌外商的经济高压,顽强探索,精益求精,使中国的"红三角"牌纯碱在美国费城万国博览会上大放异彩,荣膺金质奖章。总工程师侯德榜这才从箱底取出西装穿上,容光焕发地参加全厂的庆功大会。

1930 年,京剧大师梅兰芳到美国纽约演出,引起轰动。侯德榜此时正在纽约,但因工作繁忙,始终未能抽出空去观看演出。1936 年,梅兰芳剧团在永利上海办事处附近的剧场演出,几位好心的同事买了戏票,陪同正在上海公干的侯德榜去看戏。梅兰芳演出了他的代表作《贵妃醉酒》,令观众如痴如醉。谁料,此时的侯德榜竟又香又甜地睡着了。同事们轻轻推了他一下,他只是支吾了几句:"太累了,太累了……"便又侧头睡去。侯德榜的一生,永远在鞠躬尽瘁地工作。

在天津市河西区解放南路与奉化道交口东北侧原有一座三层砖木结构的小洋楼,它曾是侯德榜的居所。20 世纪 20 年代至 30 年代,侯德榜与美国著名制碱专家 G.T. 李先生同住在这座小楼里。

1990 年,中国人民邮政发行《中国现代科学家》纪念邮票第二组共四种,其中一种即是纪念化学工业学家侯德榜。侯德榜纪念邮票发行后,很快就有人指出该票出现多处知识性错误,认为它属于"错体票",后来曾经一度在网上讨论得沸沸扬扬,有些报刊也发表过相关的文章。有人甚至认为,"从我国邮票发行历史看,在同一枚邮票上出现如此多的错误是从来没有的",但这也在客观上增加了该票在社会上的关注度。笔者在天津集邮市场买到过侯德榜纪念邮票的错版、正版及相关邮品。长期以来，该票错版的市场价格远远高于正版。

站在父亲肩膀上的
梁思成

► 《中国现代科学家（三）》
之《建筑学家—梁思成》

　　2023 年是中国近代杰出的思想家和学者梁启超诞辰 150 周年。梁启超长期居住在天津，以此为基地从事政治和文化活动。他在天津的故居及饮冰室书斋，现为梁启超纪念馆，是全国重点文物保护单位、重点保护等级历史风貌建筑和天津市爱国主义教育基地。2023 年 1 月出版的《梁启超家书》，选有 1898 年到 1928 年间梁启超写给家人的上百封书信。这些书信足以证明，梁启超在子女教育上非常用功，也非常成功。梁启超的九个子女，个个都是社会栋梁，"一门三院士，九子皆才俊"的佳话至今为人津津乐道。

　　形成良好的文化家风，家庭领军者的作用非常关键。梁启超出身寒微，仅是一般的耕读之家，自谓不过"中国极南之一岛民"，而能通过努力成为闻名中外的学术文化大师，还培养子女成为在各自领域卓有成就的专家学者，饮冰室众星捧月，新会梁氏成为文化名门，实在是中国家庭教育史上的一个奇迹。其中，梁启超对长子梁思成的培养最具代表性。

梁思成是中国现代著名建筑教育家、古建筑文物保护与研究和建筑史学家。戊戌变法失败后，梁启超流亡日本，梁思成于1901年出生在东京。1912年梁思成随父返国。1923年梁思成毕业于清华学校，随后在美国宾夕法尼亚大学攻读建筑学。1928年回国，创办东北大学建筑系并任系主任。1933年至1946年，任中国营造学社法式部主任。1946年创办清华大学建筑系并任系主任直到逝世。他还曾任中央研究院院士、北平都市计划委员会副主任、北京市建设委员会副主任等职。1972年在北京逝世。在梁思成一生中，除了在建筑教育、城市规划等方面作出的开拓性贡献外，最为突出的是古建筑文物的保护与调查研究工作。他在中国营造学社的十多年间，运用现代科学技术对中国众多有价值的古建筑进行了勘察、测绘、制图，并结合历史文献资料和对老匠师们的采访，写出了《清式营造则例》《中国建筑史》《中国雕塑史》等专著和《蓟县独乐寺观音阁山门考》等调查报告与学术论文，为中国建筑的研究与保护奠定了深厚的理论基础。新中国成立后，他为保护北京的城墙、牌楼、北海团城等竭尽全力。梁思成和夫人林徽因还参与了中华人民共和国国徽、人民英雄纪念碑、"北京十大建筑"的设计工作。

梁思成取得如此的显赫成就，除了个人努力外，首先得益于父亲梁启超对他的鼎力支持。梁启超经济收入颇丰，他在子女教育方面亦十分投入。为了让梁思成和林徽因在建筑学上大展宏图，梁启超斥巨资安排他们到欧洲细心考察欧洲的建筑艺术，如德国"莱茵河畔著名堡垒"、意大利"文艺复兴时代的美"、土耳其伊斯兰教的建筑和美术，将他们的旅行路线设计得十分妥当，可谓用心良苦。

梁启超多次宣称自己是个"趣味主义者"，他视兴趣为幸福的源泉、成功的基石。他时常教诲子女对生活、对事业要有广泛而浓厚的兴趣。当梁思成在美国学习建筑学之后，他时刻担心其学业太专而会感到单调，由单调又会导致乏味，乏味则会不思进取，生活苦恼。他多次写信与梁思成讨论这个问题，其中一封信写道："……即如在家庭里头，像你有我这样一位爹爹，也属人生难逢的幸福。若你的学问兴味太过单调，将来会和我相对词竭，不能领着我的教训，你全生活中本来应享的乐趣也削减不少了……我每历若干时候，趣味转过新方面，便觉得像换个新生命，如朝旭升天，如新荷出水，我自觉这种生活是极可爱的，极有价值的。我虽不愿你们学我那泛滥无归的短处，但最少想你们参采我那烂漫向荣的长处……"梁启超是要梁思成等子女吸取他兴趣广泛的长处，并非强迫他们像他那样兴趣太多，以致不能成为某一点上最精深、最权威的专家。梁思成终能成为中国现代顶尖级的建筑学大师，也是因为他从青年时代就扎扎实实、稳稳当当地站在了父亲梁启超这位文化巨人的肩膀上。

由梁启超对梁思成的熏陶和引导联想到，当代大学的建筑院系应该具有文、理、工、美兼备的教育教学机制，培养出的学生应该具有多方面的修养和才能，否则再也不会产生像梁思成这样的建筑学大师了。

历经千年仍巍然矗立的天津蓟州独乐寺，让梁思成终生引以为骄傲。1932 年 4 月，他第一次远离大城市进行古建筑调查，而调查的第一座古建筑就是蓟县的独乐寺。独乐寺的观音阁和山门是中国早期木结构建筑，是中国古代建筑的代表作。梁思成第一眼见到独乐寺就大为震惊。他说，是"第一次打开眼界"的独乐寺，让他找到了研究中国早期木结构建筑的钥匙。回到北平后，梁思成依据调查测绘的资料，在妻子林徽因的协助下，撰写了《蓟县独乐寺观音阁山门考》一文，发表在《中国营造学社汇刊》上。从此，独乐寺这个名字为国内外建筑界、美术界所熟知。

笔者在天津集邮市场买到过中国邮政 1992 年发行的《中国现代科学家》系列邮票第三组，共四枚，其中一枚是《建筑学家—梁思成》。这枚邮票表现了梁思成的执著与敏悟的神态，背景选用金黄色的梁思成手绘古建筑图，象征他在中国古建筑研究与保护领域取得的辉煌成就。顺带说一句，几十年来中国邮政发行了无数名人纪念邮票，但直到梁启超诞辰 150 周年，却仍然看不到梁启超纪念邮票的发行计划，这对于集邮爱好者不能不说是一个遗憾。

马思聪的
天津"音缘"

▶ 《中国现代音乐家（一）》
　纪念邮票之《马思聪》

　　2022 年是著名音乐家马思聪诞辰 110 周年，马思聪与天津的"音缘"是天津音乐史上的佳话。

　　马思聪，广东海丰人，生于 1912 年。少年时代留学法国，学习小提琴演奏和作曲理论。1929 年回国，在各地举办小提琴独奏音乐会，被上海《申报》誉为"中国的神童"。1931 年，他再次赴法学习作曲。1932 年回国，从事音乐教育、小提琴演奏及作曲工作。1945 年抗战胜利后，马思聪先后担任台湾交响乐团指挥、广东艺术专科学校音乐系主任、上海中华音乐学校校长、香港中华音乐院院长等。新中国成立后，担任中央音乐学院首任院长，并兼任中国音乐家协会副主席《音乐创作》主编等。"文革"期间，马思聪遭受迫害，全家迁居美国。1985 年，文化部为马思聪平反。1987 年，马思聪病逝于美国费城。2007 年，马思聪夫妇的骨灰归葬广州麓湖公园。

马思聪的音乐创作，民族风格鲜明，构思新颖，涉猎广泛，代表作有小提琴曲《绥远组曲》《阿美组曲》，管弦乐曲《西藏音诗》，歌剧《热碧亚》，舞剧《晚霞》，声乐作品《祖国大合唱》等。他于 1937 年创作的《思乡曲》，被认为是中国 20 世纪的音乐经典之一。马思聪是中国近现代最有影响的小提琴演奏家和作曲家，被誉为"中国小提琴第一人"，在中国音乐史上占有重要地位。

中央音乐学院于 1949 年在天津成立，全国的音乐大家、音乐教育家汇聚津城，时年 37 岁的马思聪担任该院首任院长。中央音乐学院由南京音乐院、北京艺专音乐科、常州少年班、华北大学第三部音乐科、东北鲁艺音工团等单位联合组成，校址在今河东区十一经路，现为天津市级文物保护单位。该院于 1949 年 11 月正式开课，但因南京音乐院和常州少年班未及时迁津，遂于 1950 年 6 月 17 日补行了成立典礼。作为培养专门音乐人才的高等学府，中央音乐学院接待过苏联、波兰、匈牙利、德意志民主共和国、罗马尼亚、保加利亚、捷克斯洛伐克、南斯拉夫、朝鲜、日本、蒙古国、印度尼西亚、缅甸、美国等国家的艺术家和艺术团体演出。1957 年，苏联最高苏维埃主席团主席伏罗希洛夫访华期间，赠送给毛泽东主席一架音乐会演奏用的"爱沙尼亚"牌大三角钢琴，毛主席随即将这架钢琴转交中央音乐学院。1958 年，中央音乐学院开始迁往北京，后在天津人民礼堂举行了告别音乐演出。学院留津师生就地组建了河北音乐学院，后更名为天津音乐学院。

1950 年，马思聪全家迁到天津，住进黄家花园地区潼关道的一幢小洋楼。这一年，马思聪发表了乐曲《十月礼赞》《我们勇敢地奔向战场》《鸭绿江大合唱》。1951 年，马思聪率中国音乐家代表团赴捷克斯洛伐克参加了"布拉格之春"国际音乐节。1953 年冬，马思聪参加赴朝鲜慰问团，在天寒地冻的环境中为志愿军战士演出。1954 年，马思聪一家搬到北京西城区马勺胡同一座四合院居住。马思聪在天津工作和生活期间，创作了《第二回旋曲》《山歌·跳元宵·春天舞曲》《欢喜组曲》《淮河大合唱》等重要作品。"我们新中国的儿童，我们新少年的先锋，团结起来继承着我们的父兄，不怕艰难不怕担子重，为了新中国的建设而奋斗……"郭沫若作词的这首《中国少年儿童队队歌》(后更名为《中国少年先锋队队歌》)，就是马思聪 1950 年 4 月在天津谱的曲。

1952 年 11 月，波兰文化代表团到中央音乐学院访问演出，受到全体师生热烈欢迎。马思聪在《天津日报》发表文章，介绍与波兰音乐家交流的情况。文章写道："解放后，波兰音乐活动的方向，可以用一句话来总结，那就是：面向群众。在波兰成立了波兰作曲家联盟，由波兰政府供给它津贴。作曲家联盟经常向作曲家要作品，作曲家也完全可以专心地来从事创作。很多优秀的作品都是这样创作出来的……"

马思聪居津期间，也经常赴北京参加重大国务活动的演出。一次，周恩来总理看见曾经到法国勤工俭学的外交部长陈毅，便把他拉到马思聪身边笑着说："陈老总，我们仨都是法国留学生，人家马思聪就学到了东西，而咱们俩就没学到。"

笔者在天津集邮市场买到过一套《中国现代音乐家（一）》纪念邮票，系 2012 年中国邮政发行。该套邮票共四枚，分别为《萧友梅》《刘天华》《贺绿汀》《马思聪》。其中《马思聪》一枚的画面，左侧为马思聪头像，右侧为一把小提琴，体现出马思聪作为"中国小提琴第一人"的杰出成就和重要地位。这套《中国现代音乐家（一）》纪念邮票发行的年份，恰巧是马思聪诞辰 100 周年。

徐悲鸿
津门结画缘

▶ 1978 年发行的徐悲鸿
作品《奔马》邮票之一

　　2023 年，天津美术学院教授、著名书画家、美术教育家孙其峰先生与世长辞，享年 103 岁。孙先生生前多次谈到，20 世纪 40 年代他在北平艺术专科学校（中央美术学院前身）学习时，诸位师长中，校长徐悲鸿先生对他的帮助和支持最大。徐校长不仅指导他学习中国绘画书法及西洋美术理论，而且还主动掏钱买他的画，既有看重欣赏之意，又有借机资助之情，使青年时代的孙其峰备受鼓励。

　　徐悲鸿（1895—1953）生前担任中华全国美术工作者协会主席、中央美术学院院长，是一位英年早逝的绘画大师。在他有限的艺术生涯中，却与天津美术界深度交往达二十余年，留下了很多佳话。

　　1931 年 5 月 21 日，时任中央大学艺术科教授的徐悲鸿应邀来津参观天津市立美术馆举办的美术展览，同行的还有徐悲鸿当时的妻子蒋碧微、中央大学艺术科教授潘玉良等，一行共14人。创办于1930年的天津市立美术馆是中国第一家公立美术馆，由著名教育家严修之子严智开担任馆长。为充分发挥美术馆在进行美育教育、提高市民美术修养方面的作用，严智开发动公家和私人关系，广泛邀请艺术界名流加入天津市立美术馆的建设中，遂向享誉海内外的画家徐悲鸿发出了参观美术展览的邀请。天津的浓厚艺术氛围吸引了徐悲鸿，除5月22日上午参观天津市立美术馆外，他还访问了老朋友冯武越主持的北洋画报社，与舌画的创始人、著名画家黄二南切磋了技艺。黄二南以舌代笔，绘画牡丹图赠送蒋碧微；徐悲鸿也当场绘就一幅金鸡图，回报黄二南。一时间，"黄舌吞吐，徐腕盘旋，各书其致"，构成了天津艺术史上的一道别致的景观。

1932年4月初，徐悲鸿应邀到天津南开大学作学术演讲，并下榻于南大百树村32号。演讲的当天上午，在秀山堂二楼休息室布置了一个小型画展，展出徐悲鸿带来的画作11幅，包括动物写生画和山水画。《南大周刊·副刊》曾赞许道：徐的画"以西洋写实派之功夫，寄托中国画之精神，两者之长，兼而有之"。徐悲鸿亲自讲解，他还向观者说明：他的画以动物画居多，这是因为他在欧洲时常去动物园，对各种动物详加观察，细作推敲，熟悉它们的外形、内腑乃至"个性"。他还举出一个例子：有位朋友托他作画，表现"暮春三月，江南草长，杂花生树，群莺乱飞"之意境，他至今未作，因为他对黄莺未作细致的观察。下午，徐悲鸿在南大秀山堂礼堂作了"世界美术之趋势与中国美术之前途"的演讲,他结合自己的作品与艺坛轶事,以事论理,既生动又透辟。对其精彩的演讲,南大师生及很多慕名而来的校外美术爱好者不时报以热烈的掌声。

徐悲鸿是一位视野开阔、博采众长的艺术家,他对天津"泥人张"彩塑也是情有独钟。1932年徐悲鸿在南开大学演讲期间,张伯苓校长跟他讲到天津"泥人张"轶闻,并赞美"老张先生"(张明山,1826—1906)艺事精绝,引起他的极大兴趣。在徐悲鸿的恳求下,张伯苓校长带他到位于西北角文昌宫的已故校董严修宅邸。严家人捧出"泥人张"为严修父亲、伯父捏的塑像给他们观看。徐悲鸿赞誉两件作品"色雅而简,至其比例之精确,骨格(骼)之肯定,与其传神之微妙,据我在北方所见美术品中,只有历代帝王画像中宋太宗太祖之像可以拟之,若在雕刻中,虽杨惠之不足多也"。他随后到估衣街同升号泥人庄选购了"泥人张"第二代张玉亭的几件小品,南归后即发表文章宣传天津"泥人张"的艺术成就。

1990年9月,天津水晶宫画廊开业,徐悲鸿夫人廖静文应邀来津为画廊开业剪彩。笔者到水晶宫饭店看望廖静文女士,她深情地说:"我喜欢到天津来。天津有悲鸿的得意学生王学仲、孙其峰。"王学仲、孙其峰两位著名书画家,没有辜负恩师徐悲鸿先生的希望,通过自己多年的不懈努力,为提升天津城市审美水平作出了突出的贡献。

天津人民喜爱徐悲鸿的作品,尤其是他笔下的奔马。天津的博物馆、美术馆曾多次为徐悲鸿举办画展。1985 年 11 月，天津市艺术博物馆举办齐白石、黄宾虹、徐悲鸿、张大千四位中国现代绘画大师的画展，其中包括徐悲鸿代表作《九方皋》画稿。1985 年 7 月，天津市艺术博物馆举办"徐悲鸿诞辰 100 周年纪念展览"，共展出徐悲鸿的国画、书法等作品六十余件，展品均出自天津市艺术博物馆、天津人民美术出版社、天津市文物公司、天津市历史博物馆等单位。

笔者在天津集邮市场买到过邮电部 1978 年 5 月 5 日发行的徐悲鸿代表作《奔马》特种邮票，以及 1984 年 7 月 19 日发行的《徐悲鸿诞生九十周年》纪念邮票。《奔马》邮票全套 10 枚，充分表现了徐悲鸿笔下"一洗万古凡马空"的态势与精神。《徐悲鸿诞生九十周年》纪念邮票发行时，天津市邮票公司还为这套邮票发行了首日封。

抗洪赈灾
与附捐邮票

▶ 国家邮政局 1998 年发
行的《抗洪赈灾》邮票

2023 年，京津冀地区遭遇极端强降雨天气，海河流域下游行洪泄洪面临严峻考验。相关地区和部门坚持人民至上、生命至上，抢抓时间窗口，动员各方力量，抓紧做好堤防除险加固、畅通行洪通道等工作，坚决打赢防汛抗洪救灾这场遭遇战。历史上发行的反映抗洪赈灾的邮票，也成为集邮爱好者议论的热门话题。

中国历史上洪灾频繁发生。以黄河为例，两千年来仅有记录的水灾就达 1500 余次，重要改道达 26 次之多。抗洪治水，始终是中国历史的一个重大课题。邮票作为国家名片，亦于方寸之间表现了中国历史上抗洪治水的壮举。

新中国成立后首次发行的抗洪治水题材邮票，是 1952 年 10 月 1 日发行的《伟大的祖国——建设（第二组）》特种邮票中的第一枚《淮河水闸》。图案是横跨淮河的润河集分水闸，上方有毛泽东主席题词"一定要把淮河修好"。淮河，是新中国成立后第一条全面、系统治理的大河；淮河水闸，是新中国成立后建设的第一座大型水闸。

1952年10月，毛泽东主席发出"要把黄河的事情办好"的号召。1957年12月30日发行的《治理黄河》特种邮票，全套四枚，分别为《示意图》《电力》《航运》《灌溉》，图案分别以橙、蓝、红、绿为底色。《示意图》采用了地形图的描绘方式，富有立体感，体现了治理和综合开发利用黄河工程规模之浩大；《电力》为三门峡水电站；《航运》表现了治理黄河的远景航运场面；《灌溉》描绘了黄河经过治理后宽阔的河道。在四枚邮票的左侧，均以黄河流域的主要农作物棉花、麦穗等作为装饰。

1980年11月20日发行的《中国古代科学家（第三组）》纪念邮票，其中第二枚是《战国水利家李冰》。李冰在任蜀郡太守期间，带领百姓在岷江流域兴建了许多水利工程，其中以都江堰水利工程最为著名。这项工程为成都平原成为"天府之国"奠定了坚实基础。

2019年8月6日发行的《中国古代神话（二）》特种邮票，其中第六枚是《大禹治水》。"大禹治水"，是中国民间传播久远的著名神话故事。古时候，黄河泛滥，大禹从父亲鲧治水的失败中汲取教训，改堵为疏，率领民众历经十余年最终治水成功。大禹"三过家门而不入"，栉风沐雨与洪水搏斗的事迹，为后世所颂扬。

特别值得一提的是，国家邮政局 1998 年 9 月 10 日发行的《抗洪赈灾》特种邮票。1998 年夏天，中国长江、嫩江、松花江发生百年罕遇的特大洪水，百万军民决战三江，取得了抗洪抢险的决定性胜利，创造了中国抗洪史上的伟大奇迹。《抗洪赈灾》特种邮票画面以"众"字为主图，将"众"字变形，显现出众多的"人"手挽手，组成一道道人墙，万众一心，众志成城，战胜洪水。邮票还带有附票，其图案为主票图案的缩印，但没有洪水浪花，象征洪水退去，抗洪救灾取得胜利。上方印有附捐面额"50分"字样，下方印有"附捐"二字。在邮资部分，上书"爱心同在，众志成城"八个字。

附捐邮票，指为福利、健康、赈灾、慈善等事业筹款而在邮资外另加附捐金额的邮票，又称福利邮票、慈善邮票、半邮政邮票。它与普通邮票的区别是，除邮票面值外，另加捐资。捐资部分用于福利事业。依照万国邮联的规定，附捐邮票面值写在前，附加值写在后，且字体应较前者为小。世界最早的附捐邮票是英国在大洋洲的殖民地新南威尔士（今属澳大利亚）1897 年 6 月发行的，面值为 1 便士，售价为 1 先令，超出部分即为附捐之用。中国最早的附捐邮票，是 1920 年北京一版帆船加盖"附收赈捐"邮票，所得捐款用于救济黄河决口区的灾民。

天津市集邮公司曾为 1998 年《抗洪赈灾》邮票的发行设计了新颖的首日封、赈灾公益明信片，笔者曾在集邮市场买到过一枚天津市集邮公司发行的此种首日封。当时发行的《抗洪赈灾》邮票销售收入，早已用于支援灾区人民重建家园。

河北梆子
也曾叫 "秦腔"

▶《秦腔》特种邮票之
《三滴血》

  2022 年 8 月 13 日，中国邮政发行了由录洁囡、郭线庐设计的《秦腔》特种邮票一套三枚。这套邮票选取了《火焰驹》《三滴血》《游西湖》三部秦腔经典传统剧目的精彩片段，展现出秦腔独特的艺术魅力。中国邮政发行的前几套地方戏曲邮票的人物偏少，而《秦腔》特种邮票上的人物则有 11 个。通过众多的人物形象展现故事情节，是此套邮票设计的一大突破。《秦腔》特种邮票采用横式票型，更加注重表现人物之间的关系，便于充分表现舞台感，展现剧情的丰富多彩。前几套地方戏曲邮票采用竖式票型，大多有边框，有背景图案，而《秦腔》特种邮票没有设计边框，从而更好地展现了舞台的宽阔，也弥补了没有远景的缺陷。

  为了更好地表现秦腔艺术的朴实、豪放、浑厚，以及富有夸张艺术语言的独特风格，在表现技法上，《秦腔》特种邮票的设计者以墨线勾勒造型，同时强化线性；在用色上打破了中国画一贯的淡雅、含蓄，进而追求色彩的鲜艳、明丽。整体画面晕染以平涂、分染为主，人物面部与手的表现采用传统的凹凸法，同时结合西方绘画的写实技法，使人物形象更加细腻、生动和饱满。在《游西湖》邮票中，李慧娘一身缟素，长纱飘飘，幽影飘忽，既有艺术性，又能隐晦地表述"魂"的感觉。她手持阴阳扇，将受惊的裴生挡在身后，怒目凝视手持火炬和大刀的贾似道，把李慧娘对爱情的忠贞及对封建势力、权奸贾似道的满腔怒火表现得淋漓尽致。在《三滴血》邮票中，周仁祥绿色的华服与庸官晋信书红色的官服形成对比，即从色彩上反映出，在这一场啼笑皆非的闹剧背后是封建时代商人家庭的矛盾和不幸，揭露了封建官僚的迂腐。《火焰驹》邮票中的"火焰驹"，原为一匹良马，奔走时四蹄生火，在剧中有传信奔走之功，所以画面中用强烈的色彩表现出"火焰驹"在传信过程中大气磅礴的豪迈气概。画面除了使用传统的石色、水色外，还用到了描金技法，以增强画面的表现力。如在《三滴血》中，周仁祥衣服和帽子上的花纹，以及县官官服胸前的装饰纹样，皆以描金法勾勒，表现出服装的富丽华贵。

秦腔作为戏曲剧种，流行于陕西、甘肃、宁夏、青海、新疆等地。一般认为，秦腔于明中期以前在陕西、甘肃、山西一带的民歌基础上形成。秦腔音调激越高亢，以梆子击节，唱词基本为七字句，音乐为板腔体。明末清初，秦腔流传于南北各地，对很多剧种都有不同程度的影响。秦腔为梆子腔（乱弹）系统中的代表剧种。流行于陕西的秦腔，以西安乱弹（中路秦腔）为主，又有同州梆子（东路秦腔）、西府秦腔（西路秦腔）和汉调桄桄（南路秦腔）等支派。秦腔现存传统剧目两千七百余种。抗日战争时期，陕甘宁边区文艺工作者曾用秦腔形式创作、演出《血泪仇》等现代戏，对于革命宣传和艺术改革都起了积极作用。新中国成立后整理的秦腔传统剧目《赵氏孤儿》《三滴血》《火焰驹》等，影响较为广泛。2006 年 5 月，秦腔被列入第一批国家级非物质文化遗产名录。

河北梆子是深受秦腔影响的戏曲剧种之一，也可以说，秦腔是河北梆子的重要源头之一。河北梆子起源于清代，成型于民国时期，历史上曾经叫过"山陕梆子""山西梆子""蒲州梆子""北京梆子（京梆子）""天津梆子（卫梆子）""直隶梆子""秦剧"等，也曾叫过"秦腔"。像此次发行的《秦腔》特种邮票所表现的《火焰驹》《三滴血》《游西湖》三部秦腔经典传统戏，河北梆子亦有相同的剧目。"河北梆子"作为剧种的名称，是在 1952 年才正式定下的。河北梆子流行于北京、天津、河北及辽宁、吉林、黑龙江、内蒙古的部分地区。河北梆子系板腔体结构，有慢板、二六板、流水板、减板等板式。以梆子按节拍，音调高亢激越。新中国成立前，河北梆子已趋衰落。新中国成立后，恢复和建立河北梆子剧团，整理演出了《蝴蝶杯》《杜十娘》《宝莲灯》《袁凯装疯》等剧目，使河北梆子剧种有了新的发展。

京（京剧）、评（评剧）、梆（河北梆子），是近几十年来天津地区流行的三大戏曲剧种。天津本是河北梆子班社和艺人最集中的地方，观众基础深厚。以天津卫命名的卫派河北梆子（俗称"卫梆子"），在河北梆子三大地方流派中最有影响力。天津著名河北梆子表演艺术家陈春所著《恩师王玉磬》一书，不仅是河北梆子艺术大师王玉磬的传记，而且通过她的个人经历反映了河北梆子在天津的发展历史。

翻阅民国时期天津报纸发现，其中很多关于"秦腔"的报道，实际上是关于河北梆子的。逛收藏品市场，也会发现同样的问题，印有"秦腔"的民国时期唱片，实际内容却有可能是河北梆子。因此，对于戏曲史研究者来说，在利用相关史料时，应该注意甄别。

苏联马戏团
在天津

► 苏联马戏团成立 70 周年
纪念邮票·驯海狮

　　多次听到老年朋友谈起 20 世纪 50 年代苏联马戏团在天津演出的往事，生动而精彩，令人很感兴趣。现据笔者收藏的当年的节目单、演出票，以及报纸上的报道，予以回顾，希望能够引起老年读者朋友的美好记忆。

　　享誉世界的苏联马戏团，又叫"苏联大马戏团"，有着悠久的历史。1919 年，根据列宁签署的《关于统一剧团机构》的人民委员会公告，各州、市马戏团体统一归属于苏联马戏团。1957 年，苏联全国马戏团又并入全苏马戏联合会。1992 年，改称俄罗斯国家大马戏团。20 世纪五六十年代，中国曾经长期放映过一部名为《苏联大马戏团》的电影，真实地摄取了苏联马戏团最精彩的节目。影片中最后一个节目，观众看见了当时凡是爱好马戏的人都知道的著名的"杜洛夫铁路"。"铃声一响，性情急躁的猴子、狗、家兔、豚鼠、刺猬等都有秩序地走进了车厢。车厢内还有新自南极洲运来的企鹅。一只巨大的母象在隔障上走着，倒立着，最后又跟着音乐跳起舞来……"表演结束，观众们向马戏团的全体演员经久不息地鼓掌。他们看到了世界上最好的马戏团和最优秀的演员。

1956年10月，苏联马戏团分批到达北京。马戏团人员共有59人，包括功勋艺术家和著名演员多人，还有驯养的四十多只狮、马、棕熊、白熊、狗、驴等动物"演员"，驯兽和道具总共装了八个车厢。苏联马戏团在北京、上海、天津等城市进行了为期两个月的演出。11月5日晚上，毛泽东主席由苏联驻华大使尤金陪同在北京体育馆观看了苏联马戏团的表演。演出休息时，毛主席接见了马戏团团长勒·符·阿萨诺夫、音乐指挥斯·伊·谢苗诺夫和主要演员。演出结束后，毛主席走下看台同全体演员见面。观看演出的还有国务院副总理陈云、邓小平，外交部副部长姬鹏飞，文化部副部长夏衍等。

12月2日，苏联马戏团全体人员到达天津访问演出。据报纸和节目单介绍，马戏团有七位功勋演员：维拉·塞尔比娜从六岁起就在马戏团工作，当时已有三十多年的艺龄，她能在钢丝上跳好几种民族舞蹈；伊凡·鲁班本来是个矿工，他因为喜欢野兽，所以后来成了驯兽专家，这次他和他的伙伴母狮、狗熊、大狗一同表演精彩的节目；鲍里斯·维亚特金是个最活跃的丑角，他会玩杂耍、变戏法，还会驯小狗和驴；切尔涅加和拉祖莫夫夫妇表演的空中飞人表现了卓绝的技巧；符谢沃洛德·赫尔茨能表演武术、举重、杂耍等；米拉耶夫善于登梯表演……作为苏联马戏团演出的场地的天津市人民体育馆，经过一个多月的改建，已全部完工，还安装了完善的热风设备。四十多只动物"演员"，都住在体育馆内后面的房间。苏联马戏团团长阿萨诺夫在《天津日报》撰文说："和我们一起来天津的，还有 32 个中国演员。在北京期间，他们和苏联演员一起排练中国杂技所没有的节目，这些节目主要有空中表演、滑稽艺术与驯兽特技等。中华人民共和国文化部为了排演大型的驯兽节目，已经拨出了一些虎、熊和其他野兽。我们非常愿意用剩下来的时间，为中国杂技演员在创造新的节目的工作中奠定巩固的基础……"

12 月 6 日晚上，苏联马戏团在天津市人民体育馆举行了首次演出，观众有六千多人，舞台周围添了很多临时座位。在热烈的掌声中，马戏团演出了走钢丝、梯技、杂耍、空中飞人、耍狮熊、对手顶、空中体操、球技、滑稽表演、武术、马术、蹦床、滑稽音乐、耍狗等 14 个节目，演员们表现出惊人的绝技和独创的智慧。节目演出过程中，不断引起观众的热烈掌声和大笑声。有的节目在观众一再热烈要求下返场重演。从 12 月 6 日到 13 日，已有五万四千多名天津市民观看了苏联马戏团的表演。至 12 月 31 日最后一场，共演出 34 场，观众达二十余万人。其间，马戏团还专为儿童和部队进行了演出。

1957 年 1 月 4 日，苏联马戏团全体人员乘车离开天津，前往上海访问演出。临行前，苏联马戏团的驯兽演员鲁班赠给天津市人民公园一只苏联大棕熊"阿斯克"。人民公园回赠苏联马戏团两只蟒、三只猴子和一只鹩哥。

1990年7月，苏联国家大马戏团再度来华演出，受到天津观众热烈欢迎。2002年6月，已改名称的俄罗斯国家大马戏团到天津演出。当时该团有各类表演人员近两千五百人、动物训练基地九个，每年有大约一千五百个节目在世界三十多个国家上演，其表演水平仍是世界一流。

笔者在天津集邮市场买到过一套苏联1989年发行的苏联马戏团成立70周年纪念邮票，共五枚，票面上分别表现了驯海狮、驯驴、驯熊等节目，逗人发笑，同时给人以美感。

蔡长奎
三绘妈祖图

▶ 1992 年发行的《妈祖》邮票

　　由天津市妈祖文化促进会、福建莆田湄洲岛妈祖祖庙董事会、南开大学历史学院主办的"《天后圣迹图》发布暨展览会"，于 2022 年 8 月 20 日在中新天津生态城妈祖文化园举行。此次活动旨在纪念"两岸开启交流 35 周年"，进一步发挥妈祖文化这一两岸同胞共同精神纽带的作用，充分展示两岸妈祖文化交流的重要成果。

　　天后，又称天妃、妈祖、娘娘等，本名林默，宋代福建莆田人。相传她天生聪慧过人，好行善事，勇毅豪侠，云游岛屿间护佑渔家船夫。她因忘我地救助海上遇险渔民，不幸被台风夺去了年轻的生命。后世奉其为"海神"，为了纪念她，相继建庙以祀，宋至清历代又多受褒奏、晋封。她的神奇故事广为流传，并远播东南亚等地。《天后圣迹图》是一幅全面反映妈祖生平的大型壁画作品, 由曾任天津民俗博物馆馆长、天津天后宫管理委员会主任、天津市妈祖文化促进会会长的著名画家蔡长奎先生为福建莆田湄洲岛妈祖祖庙绘制, 历时四年完成。壁画长 32.3 米, 寓意妈祖诞辰日三月廿三; 高 2.8 米, 寓意妈祖羽化升天时年仅 28 岁; 内容分为上篇妈祖生平故事和下篇妈祖显圣故事。这幅作品与天津天后宫、台湾省北港朝天宫内的《天后圣迹图》为姊妹篇。至此, 世界三大妈祖庙皆各存一幅蔡长奎绘制的《天后圣迹图》, 成为两岸妈祖文化交流的历史见证。这幅大型壁画作品不仅再现了绵延千年、源远流长的妈祖信仰, 而且将妈祖、妈祖信仰与艺术呈现做了很好的现在呈现, 也把中国壁画艺术推上一个新的高峰, 具有很高的艺术价值、文化价值、历史价值。

蔡长奎先生认为, 妈祖文化是祖国统一、一个中国的集中体现, 妈祖文化将天下华人华侨与祖国紧紧地系在一起, 不能分离, 不会分离, 更不许分离。这个理念在蔡长奎心中牢牢地占据了 35 年, 也正因此, 促成他倾注巨大热情三次精心创作完成《天后圣迹图》。1990 年, 台湾省北港朝天宫与天津天后宫开展妈祖文化交流, 开启了津台两地交往、交流的序幕。为共同弘扬妈祖文化, 加强津台两地妈祖宫庙沟通联系, 蔡长奎应邀为北港朝天宫绘制了大幅壁画《天后圣迹图》。1994 年, 蔡长奎又以壁画形式为天津天后宫创作了大型壁画《天后圣迹图》。2018 年 7 月, 蔡长奎应时任湄洲妈祖祖庙董事长、中华妈祖文化交流协会副会长林金赞盛邀, 开始为湄洲岛妈祖祖庙绘制《天后圣迹图》大型壁画。此次蔡长奎完成的《天后圣迹图》, 不是前两幅《天后圣迹图》的简单复制，而是对从构思、构图、人物、情节到艺术表现等各个方面进行了提升，并且特意加入了林默（妈祖）救生的两个传说故事，以及历代皇帝敕封妈祖的重要史实。著名美术评论家、天津美术学院教授王振德先生认为，此幅《天后圣迹图》做到了妈祖人物可考、史事可查、事迹可溯、服饰可依、礼俗可寻、建筑可辨、传统可承。画家运用工笔重彩技法，将妈祖自幼好学、尊师重道、勤劳持家、手足情深、治病送药、执火导航、巡海护渔、见义勇为、舍身救人等生活经历及相关场景给予生动展现，使观者对这位生活在海岛渔村、成就于人民大众的英雄女性，在热爱和崇敬的同时，直接感受其不同寻常的人生境界。

天津有句俗话：先有天后宫，后有天津卫。天津历史上曾经建有多处祀奉妈祖的天后宫、天妃宫、娘娘庙，天津妈祖信众多，妈祖文化认同率高、影响广泛，使天津成为妈祖文化在北方的传播中心。天津人将妈祖（天后）亲切地唤作"娘娘"。天津的善男信女认为天后娘娘有求必应，可赐福保平安、保大吉大利、大福大顺，因此十分虔诚地敬奉娘娘。到清代，对天后娘娘的信仰已从保护航海扩展到乞求子嗣、渴望消灾祛病，以至成为保护天津地方的神灵。这一信仰也演化成一种独特的信仰民俗，并由此派生出民俗崇拜，对天津民间文化、艺术乃至婚育等习俗都产生了重要影响。

长期以来，天津集邮界也十分重视收藏与妈祖相关的邮品。1992年10月4日，邮电部发行《妈祖》特种邮票一套，共一枚；

天津市邮票公司同时发行首日封一枚，以供集邮爱好者收藏。此后发行的与天津有关的妈祖邮品还有：1998 年 4 月 19 日，为纪念妈祖诞辰 1038 周年，天津市集邮公司与天津天后宫联合推出的首日封；2001 年 4 月 19 日，在首届中国·天津妈祖文化旅游节上发行的《妈祖》特种邮资明信片。2009 年 9 月 26 日，中国邮政发行《京杭大运河》特种邮票一套六枚，小型张一枚，其中一枚邮票为表现天津三岔河口和天后宫风貌的《天后宫》。

1992 年发行的《妈祖》邮票，画面采用屹立于福建莆田湄洲岛妈祖祖庙后山顶的妈祖石雕塑像；30 年后的今天，天津画家蔡长奎的《天后圣迹图》大型壁画亦为湄洲岛妈祖祖庙绘制。此亦印证，湄州是妈祖文化的发祥地，天津则是妈祖文化发扬光大的一方宝地。

秋光菊影
靓津城

▶《郑板桥作品选·瓶菊》邮票
（原作藏于天津博物馆）

　　菊花不畏风霜侵袭，盛开于百花凋零的秋末，色彩艳丽，姿态潇洒，令人赞叹。2022 年秋天，天津市第 56 届菊展在水上公园举办，主题为"传承千年国粹，菊韵扮靓津城"。这届菊展在全市设置了四个分会场，采取线上线下相结合的形式，开展云记录菊花生长全过程等线上活动。主会场水上公园展出两千余盆造型美观、形态各异的菊花精品，包括百余个品种。这届菊展新增市民菊花佳品展台，汇聚众多菊花爱好者悉心培育的菊花作品。2022 年上半年，水上公园向 200 个市民家庭免费发放了 1000 株菊花小苗，每周三次固定由专家和工作人员传授菊花栽培技术，部分市民代表在菊展开幕当天携带亲手培育的菊花参展。

　　菊，多年生草本植物，秋季开花，花冠周围为舌状，中部为管状,属头状花序。原产于中国,久经栽培,种类繁多,成为著名的观赏植物,有的品种可入药。历代文人墨客对菊花很是欣赏,东晋陶渊明诗有名句"采菊东篱下,悠然见南山",唐代孟浩然诗有名句"待到重阳日,还来就菊花"。《红楼梦》中的公子小姐,分别以忆、访、种、对、供、咏、画、问、簪、影、梦、残为题,作了12首菊花诗,喻三秋妙景妙事,成为大观园里的佳话。

天津是中国重要的产菊基地之一,有着悠久的培育菊花的历史。天津培育的菊花新品种在全国赛事中曾多次获奖,久负盛名。从清代开始,天津南运河两岸就是著名的花乡。杨庄、曹庄则是具有相当规模的菊花之村。在天津文化史、园林史上占据重要地位的水西庄,就坐落在南运河畔,为长芦盐商查日乾与其子查为仁、查为义等经营。乾隆皇帝南巡时曾多次驻跸于此,并赐名"芥园"。园艺水平很高的水西庄,那时就移来了原产墨西哥并由日本转口进入中国的洋菊数十本。名品有"鹅铺""鹤鳖"等,皆花大于盘,较之天津本地产的菊花如"娃娃面""白牡丹"等,色彩更加浓艳。水西庄中除移栽洋菊外,本地菊花种植更盛,品种繁多,多次举办赏菊盛会,留下众多诗篇。天津最早的大众赏菊场所,当数康熙年间的宜亭。宜亭位于老城西门外,四周环植杨柳,夏天人们在此消暑纳凉,商贩们也在此做生意。宜亭附近的永丰屯、小园、大园等地,是著名的菊花种植地或集散地。秋季天气转凉,商贩们便在宜亭布置菊花,既招人观菊,又兜售商品,颇受欢迎。每年重阳时节,宜亭便成为人们赏菊的好去处。

民国时期，菊花展览成为天津市民广泛关注、热情参与的城市生活风尚之一。为宣传和引导社会上爱菊、养菊的风气，天津《北洋画报》《大公报》《益世报》等各大报刊不仅及时报道菊展盛况，而且纷纷推出图文并茂的菊展专版。仅看《大公报》20世纪二三十年代刊发的天津菊展报道和广告，就先后涉及南开中学、大华饭店、中原公司、东亚医院、第十九小学、国货售品所、正兴德茶庄等多处，其中对南开中学菊展的报道最多。该校十分重视菊花品种的搜集与培植，1921年成立花木委员会，历年所收获的奇种异葩不下三百多种。1929年11月在学校大礼堂展示菊花，并让市民参观。此次展品除近年培育的珍奇花种外，还有在丙寅菊花会获特等奖的菊花。同时对未命名的新品种征求芳名，一经采用，各赠鲜花一盆。经过十余年的精心经营，南开菊展成为津城秋季一道亮丽的风景线。

新中国成立后，由于人民政府的高度重视和大力支持，天津历年菊展都成为市民业余文化生活中的一件大事。北宁公园（铁路工人文化宫）是20世纪50年代较早举办大型菊展的公共场所。1955年秋天北宁公园举办第四届菊花展览会，展品有一千多种，共一万多盆。其中有珍品菊"帅旗""绿牡丹""墨荷""玺盘托翠""老翁发""西施浣纱"等。还有园艺工人用盛开的菊花编成的"世界和平万岁"和"为社会主义奋斗"大幅美丽图案。此次菊展从10月30日到11月26日已有十万多人参观，延期到12月中旬才闭幕。此外，《天津日报》对人民公园、天祥商场、西郊区杨庄子乡等处菊展多有报道。改革开放后，天津菊展活动焕发了新的生机。水上公园、西沽公园、人民公园等都成为市民喜爱的著名菊展观赏地。1981年秋季，为了方便群众就近赏菊，市园林局主办的天津市第21届菊花展览分别在全市七个区的12处展场陆续展出。这12处展场是北宁公园、解放北园、红光公园、河东区十三经路花展室、南开公园、西沽公园、中山公园、胜利路花卉门市部、水上公园、天津动物园、人民公园和塘沽区河滨公园。共展出菊花约六百五十个品种，总计一万余盆。

中国最早发行的菊花题材邮票，在1958年发行的"普通花卉图"邮票中。这套邮票由孙传哲设计，共三枚，分别为牡丹、荷花和菊花。其中《菊花》面值为五分，票面菊花形象素雅大方。这也是中国发行的第一套花卉邮票。1960年12月10日，中国邮电部发行一套《菊花》特种邮票，邮票志号为特44，全套共18枚，分三次发行，直至1961年2月24日出齐。这套邮票由刘硕仁设计，采用影写版印刷，邮票图案是由五位著名画家采用国画工笔手法绘制而成的18个中国菊花传统名品。这套邮票共有八种面值，发行量为100万套。笔者在天津集邮市场买到过一枚瓶菊图案邮票，系1993年中国邮政发行的《郑板桥作品选》特种邮票之一种。这套邮票共六枚，选用了郑板桥的六幅代表画作，其中这幅瓶菊图所在册页藏于天津市艺术博物馆（今天津博物馆），也算是菊花与天津的一种缘分吧。

东方白鹳
眷恋天津

► 1992 年发行的《鹳》邮票

　　据《中老年时报》报道，2023 年 11 月 18 日，天津市和吉林省有关部门联合举行候鸟放飞活动，11 只在吉林省被救助的国家一级保护动物东方白鹳及天津市救助的其他鸟类，在七里海湿地国家级自然保护区集中放飞，重返自然。

　　一见"鹳"字，人们自然会首先想起位于山西省永济市的鹳雀楼，更会想起唐代诗人王之涣写的《登鹳雀楼》。鹳雀非雀，一般指鹳科中的白鹳与黑鹳，都是冬候鸟，属稀有类，颇具观赏价值，为国家一级保护动物。白鹳和黑鹳多栖息于沼泽地带，飞时颈和脚均伸直；食物为昆虫、鱼、蛙、蜥蜴、蛇、野鼠等；巢以枝丫等筑于树上或岩石上。白鹳别名老鹳，体态优雅，性格温顺，容易驯养，在野外常单独生活，休息时常以一足而立。黑鹳别名乌鹳、锅鹳，较白鹳略小，上下黑白分明，远看俨然雀类，但从不鸣叫，飞速极快，秋天从北方飞向南方越冬。

天津与鹳的渊源，可见明代诗人李东阳所作《天津八景（其八）》《海门夜月》："水精宫阆鱼龙冷，白玉城高鹳鹤轻。"清代康熙皇帝写过一首题为《天津》的诗，其中有句："鼓楫鱼龙伏，停帆鹳鹤过。"康熙时期的重臣塞尔赫在《晓亭诗抄》卷三《嵯关》一诗中描绘了天津盐关征税的情况，其中有句："万落迤市廛，千樯集鹅鹳。"

1979年，天津水上公园水禽湖竣工开放，湖内放养的涉禽包括珍贵的白鹳。1982年，天津动物园从北京动物园引进一批珍贵鸟类，在该园攀禽馆展出，其中包括白鹳和黑鹳。1983年6月21日，三位铁路工人从张家口地区给天津北宁公园送来一只幼年黑鹳。据报道，这只鹳是他们从当地买来的。他们不辞辛苦，不要报酬，不留姓名，从数百里外将这只鹳送给公园，供游人观赏。20世纪80年代初，天津市人民政府在关于保护鸟类的布告中把10种鸟列为本市的珍贵鸟类和重点保护对象，任何单位和个人不得猎捕、买卖和运输，其中包括白鹳和黑鹳。

20世纪80年代以来，《天津日报》《今晚报》分别发表过数十篇涉及鹳的报道，在向广大市民和游客宣传保护珍稀鸟类动物的同时，也反映出经过不断改善天津的生态环境越来越好。

例如1988年媒体报道，自1982年以来，蓟县（今蓟州区）广泛开展爱鸟护鸟活动，并制定了切实可行的措施，大搞植树造林，用树木、森林招引鸟类。几年来，荒山造林31.1万亩，山林覆盖率达到17.7%；在洼区营造农田林网、片林、环村林、四旁林等七百多万株。经过精心管理，这些林木枝繁叶茂，已成为鸟类筑巢定居的乐园。同时，还把北部五百多平方公里的深山区和21万亩水面、滩涂的翠屏湖，划为县内鸟类保护区。1988年3月中旬开始，大批珍禽候鸟又一次群集蓟县山峦、湖面。在秀美的翠屏湖水面、堤岸，成群结队的珍禽水鸟起舞争鸣。"据有关部门调查，目前，在蓟县的鸟类就达二百多种，其中属国家重点保护的白鹳、黑鹳、白琵鹭、大小天鹅、金雕、大鸨等一二类珍贵鸟类就有八种。"此外，天津的团泊洼水库、黄港生态风景区、七里海、北大港湿地自然保护区等，都成为白鹳或黑鹳温暖安全的"家"。在天津，多次出现过群众热心拯救并且精心喂养受伤白鹳的感人事迹。

黑鹳作为珍稀鸟类动物，在笼养下极难繁殖成功。1995年5月22日，天津动物园濒危动物繁殖研究中心通过改善繁殖环境和条件，人工孵化出一只黑鹳幼雏。此项技术对濒危野生动物的易地保护起到推动作用。2002年8月7日媒体报道，中国濒危物种东方白鹳在天津动物园首次繁殖成功。一只自然孵化成功，一只人工孵化成功。"到目前，两只幼鹳已出生两个多月，身长均约70厘米，身高80厘米，身体状况良好。"

1992年2月20日，邮电部发行《鹳》特种邮票一套两枚，分别为黑鹳和白鹳。当时新华社发的消息称，"黑鹳，在东北北部、河北北部、甘肃西北部繁殖。白鹳，分东、西亚种，东亚种繁殖地在东北北部山林地区、西亚种繁殖在新疆西部"，里面没有提到天津。三十多年过去了，东方白鹳早已成为天津的珍贵鸟类。东方白鹳眷恋天津，津城也为东方白鹳营造了真正的家。在那套画面优美的《鹳》邮票的背后，饱含着天津人民的辛勤奉献，它理所当然地成为与天津有关的邮票。

"天津之眼"
摩天轮

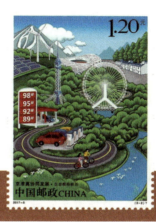

▶《京津冀协同发展》邮票上的"天津之眼"摩天轮

2023 年五一假期来临之际，传来网红打卡地"天津之眼"摩天轮恢复运营的消息，引起市民和游客广泛关注。

摩天轮，又称观览车，是一种大型转轮型机械装置，挂在轮圈边缘的是可供乘客搭乘的轿厢。乘客在缓缓升降的轿厢中，可从高处俯瞰周围景色。摩天轮通常作为游乐设施出现在游乐场或主题公园中，也有一部分设置在城市的景色优美之处以供观光。

世界上第一座摩天轮，人称"菲力斯巨轮"。1893 年，为庆祝哥伦布发现新大陆 400 周年，美国举办了芝加哥世博会，又名"世界哥伦布博览会"，选址于密歇根湖畔的杰克逊公园。作为镇园之宝的"菲力斯巨轮"，由美国工程师乔治·菲力斯设计建造，并以他的名字命名。"菲力斯巨轮"的建造是为了与巴黎在 1889 年落成的法国地标性建筑埃菲尔铁塔一比高下。这座摩天轮由

2000 马力的引擎发动，直径约 76.2 米，圆周长 251.46 米，座舱 36 个，每个座舱里有 38 个长毛绒材料制成的舒适座位，还可以站 22 人。"菲力斯巨轮"一次可容纳 2160 人，旋转一周时间 20 分钟。它最多的时候一小时载客达到 4000 人。在这届世博会上，"菲力斯巨轮"共承载过 160 多万参观者，每次需要支付 50 美分，许多人反复乘坐，感受一种全新的体验。"菲力斯巨轮"斥资 38 万美元建造而成，但它凭着乘坐费用赚回了两倍的成本，成为这届世博会利润最高的项目。

　　世界上最著名的摩天轮，当数位于英国伦敦泰晤士河畔的"伦敦眼"。这座摩天轮设有 32 个轿厢，每个轿厢可容纳 25 人左右，内置空调。"伦敦眼"于 1999 年岁末开始运营，本是英国为庆祝千禧之年而兴建的临时性建筑，又称"千禧之轮"，原定五年后拆除，后因受到世界各地游客的欢迎，得以长期保留。目前世界上最高、最大的摩天轮，是位于阿联酋迪拜的"迪拜眼"，于 2021 年 10 月启用。

　　"天津之眼"摩天轮，位于海河三岔口附近子牙河之永乐桥上。公元 1400 年，明代燕王朱棣自海河三岔口附近渡河，一路南下，攻取南京，夺得帝位，改元"永乐"。1404 年，明朝在直沽设卫，朱棣赐名"天津卫"。天津，即为"天子津渡"之意。2008 年，天津新地标建筑"天津之眼"摩天轮落成，即坐落在朱棣率千军万马渡河之处附近的永乐桥上，是世界上唯一一座跨河建造的桥轮合一的摩天轮，兼具观光和交通功能，其奇思妙想、巧夺天工的设计是世界摩天轮建筑领域的一大突破。摩天轮直径

110 米，轮外挂装 48 个透明轿厢，每舱可乘 8 人，舱内舒适宽敞，设置空调以调节温度，可同时供 384 人观光，依据季节不同安排运营时间。摩天轮依靠电力驱动，匀速旋转，约 28 分钟旋转一圈。座舱到达最高处时，乘客能看到方圆数十公里的景致，津城风貌尽收眼底。

"天津之眼"摩天轮的设计，以尊重城市地域现存的历史积淀为前提，通过运用新技术、新材料和简洁流畅的线条设计，凸显现代化科技文明与天津城市历史文化的交汇，提升了区域文化品位与内涵，体现出天津开放与纳新的城市文化特征，昭示着海河服务型经济带、文化带和景观带建设的宏伟发展前景。"天津之眼"地处海河三岔口黄金地段的要冲，是天津传统文化和民俗文化最集中的区域。周边拥有大悲院、古文化街、鼓楼等天津重要的商贸旅游资源，同时也是海河水上游船观光区的起点。游客到此，一日之内即可享受到休闲、购物、旅游观光等多重服务。"天津之眼"摩天轮，是海河开发一桥一景的杰出之作，是镶嵌在海河流域的一颗璀璨明珠。

"天津之眼"摩天轮以其如此重要而特殊的身份，多次成为各种邮资片、旅行纪念明信片、天津风景明信片等载体的主角。"天津之眼"也不止一次地被刻上纪念邮戳，供集邮爱好者加盖，并随着他们的信件寄往全国各地。

2017 年 3 月 9 日，为纪念京津冀协同发展国家战略实施推动三周年，中国邮政发行了《京津冀协同发展》特种邮票一套三枚，"天津之眼"摩天轮与天津港、空客总装线、高新区未来科技城等多个天津城市元素在邮票中展现出来。这套邮票以交通、生态、产业的"三个突破"为表现内容，着力体现京津冀协同发展战略中先行启动的领域。"天津之眼"摩天轮出现在第二图"生态联防联治"中，体现了规划中扩大生态空间的推进目标，展现了一幅天蓝、水清、地绿的宜居生活蓝图。邮票发行当日，邮政部门在"天津之眼"摩天轮景区内举办了首发活动。

天津对外交往
与外国邮票

夏威夷女王
和她的《骊歌》

► 夏威夷王国邮票

笔者曾在天津集邮市场淘得两种少见的夏威夷王国加盖"临时政府"邮票,图案为夏威夷末代女王利留卡拉尼的头像。陡然想起,这位女王就是著名的《夏威夷骊歌》的作者。

骊歌,指离别时所唱的歌。中国先秦时期有一首《骊驹》,"客欲去歌之",即客人离别时所唱的歌,后来因之便将有关离别的诗歌或歌曲称为"骊歌"。南朝梁刘孝绰《陪徐仆射晚宴》诗,有"洛城虽半掩,爱客待骊歌"句。唐代李毅《浙东罢府西归酬别张广文皮先辈陆秀才》诗,有"相逢只恨相知晚,一曲骊歌又几年"句。周恩来作于1916年的《送蓬仙兄返里有感》诗之二,亦有"东风催异客,南浦唱骊歌。转眼人千里,消魂梦一柯"句。世界上流传最广的"骊歌"有两首,一首是苏格兰民歌 *Auld Lang Syne*,中文名《友谊地久天长》或《过去的好时光》;另一

首就是夏威夷民歌 *Aloha Oe*，中文名《夏威夷骊歌》或《再见了，夏威夷》。

《夏威夷骊歌》是一首充满浪漫而忧伤情调的歌曲，听着它，仿佛看到在有着迷人风光的夏威夷海滩上、树林边，一对恋人正在落日的余晖中依依惜别。

这首《夏威夷骊歌》大约创作于 1878 年。据说当时还是公主的利留卡拉尼在赴牧场骑行时，被詹姆斯·哈伯特·博伊德上校在分别时给她的一个拥抱所感动，她便在归途中创作了这首歌。今天，在夏威夷州档案馆仍然保存着她创作这首歌的手稿，上面有乐谱和歌词，以及她亲自翻译的英文版歌词。

可能很多人想象不到，这首被视为夏威夷文化象征、优美动人的《骊歌》，其作者和她的国家后来经历了巨大的屈辱。

夏威夷王国，是于 1795 年建立的由多个部落及亚、欧移民组成的太平洋上的群岛国家。1891 年，利留卡拉尼继承了兄长卡拉卡瓦的王位。1893 年，美国人发动政变，推翻了夏威夷王国，软禁了利留卡拉尼女王，成立了临时政府。我收藏的这枚邮票，就是在夏威夷王国发行的邮票上加盖了英文"临时政府·1893"字样，成为政权过渡期使用的邮票，也是风云变幻的历史见证。1894 年，夏威夷共和国成立，夏威夷第一位女王也是末代女王利留卡拉尼被迫退位，随后遭到囚禁。1898 年，美国正式吞并夏威夷。1917 年，利留卡拉尼在夏威夷寓所病逝。1941 年 12 月 7 日，日本海军航空兵袭击了夏威夷的美国太平洋舰队基地珍珠港。1959 年，夏威夷正式成为美国的第 50 个州。

近代史上，夏威夷与天津有着诸多联系。1881 年，夏威夷国王卡拉卡瓦乘坐轮船环游世界。3 月 29 日，他在天津直隶总督行辕受到直隶总督兼北洋大臣李鸿章的接待。4 月 1 日，李鸿章在天津最著名的利顺德饭店设宴招待国王一行。一份保存至今的菜单清晰地显示出，当天招待国王的晚宴菜品丰富多彩，不但有燕窝、鱼翅等山珍海味，还端上了水果布丁、巧克力蛋糕、牛油手指饼等西式点心。卡拉卡瓦虽然没能到北京会见 10 岁的光绪皇帝，但他对李鸿章在天津的盛情款待已是非常满意。至于卡拉卡瓦国王的妹妹、未来的女王利留卡拉尼是否随船一同访问过天津，尚无明确的史料记载。

法国元帅霞飞
访津记

    元帅，是最高级别的军衔。法国是世界上最早实行元帅军衔的国家，其中近代的霞飞元帅非常有名，在中国习惯称其为"霞飞将军"。

    约瑟夫·雅克·塞泽尔·霞飞（1852—1931），是第一次世界大战初期的法军总指挥，以赢得凡尔登战役和索姆河战役而闻名于世。在近代天津、上海、汉口的法租界，都曾有一条以霞飞命名的马路。

    近代天津法租界的霞飞将军路，简称霞飞路，即今花园路。有的文章说1902年天津就有霞飞将军路，那肯定是不对的，因为彼时霞飞才是一名旅长，尚不足以被法国政府在海外租界为他命名一条马路。与上海霞飞路（今淮海中路）的摩登、时尚不同，天津霞飞将军路的风格是优雅、静谧。霞飞将军路很短，它环绕着法租界的法国公园。法国公园又名"法国花园""法兰西公园""霞飞广场"。法国公园在原海大道花园局部旧址兴建，始建于 1917 年，1922 年竣工。该园占地 1.27 公顷，为半径 65 米的正圆形，园区由同心圆及辐射状道路分割，是典型法国规则式人工园林。园中心筑西式八角双柱石亭一座，周围为花木草坪。霞飞将军路外侧多为造型别致的欧式小楼，名人名宅荟萃，衬托出公园高贵的人文品位。该园临近劝业场繁华商业区，闹中取静，景观优雅。法国公园 1941 年改名为"中心公园"，1945 年抗战胜利后改名为"罗斯福公园"，新中国成立后更名为"中心公园"。多年以前将园中心那座很有特色的西式石亭拆除，改为音乐喷泉，同时将公园围栏撤去，变成"中心文化广场"。虽然花园改叫"广场"了，但环绕花园的路仍叫"花园路"。近年重建了园中心的西式石亭，法式园林风格有所恢复。

1922 年，霞飞元帅访华期间，曾三次到过天津，其中两次是路过，一次是专程访问。

1922 年 2 月 25 日下午 2 点 40 分，作为国宾的霞飞元帅偕同眷属随员乘坐中国政府特意安排的京奉铁路局专车由奉天（今沈阳）抵达天津东站，受到直鲁豫巡阅使曹锟（常驻保定）的代表、直鲁豫巡阅使署参谋长赵玉珂，以及天津法国驻军、各国驻津领事的迎送。3 点 10 分，霞飞一行复乘专车前往北京。

3 月 4 日，霞飞正式访问天津，上午 9 点 40 余分乘专车抵达天津河北新站，10 点抵达天津东站。站台上高奏《马赛曲》，气氛热烈。霞飞头戴红呢军帽，身着黑呢军服，胸前悬挂着很多战功宝星。最惹人注目者,即来华后大总统徐世昌所赠元帅之一等文虎章,佩于左胸。霞飞在法国领事官员等陪同下驱车过万国桥,至英租界红墙外法国营盘,行阅兵式典礼。11点后,阅兵毕,即至法国公园,行立战胜纪念牌礼。12点,到法国俱乐部,接受法国侨津商民及各国人士的欢迎。霞飞发表演讲后,有天津中国商会代表上台致欢迎词,并赠送宝剑一柄。《大公报》记者向霞飞赠送了该报当日出版的"欢迎霞飞大元帅来华特刊"。1点,至曹家花园,受到直隶省长曹锐宴请,并一同观剧。3点,往东局子观览。4点,仍乘专车回京。这一天,在法国俱乐部附近的法租界中街上,临时搭建了凯旋门(得胜门)。法租界中街两旁均悬挂法国国旗。全市衙署、商店、学校均挂国旗,表示欢迎。电车铁弓上亦悬挂各国国旗。各国银行、洋行也为此放假一日。

3月7日,霞飞一行由北京赴上海,中午12点20分经过天津,至总站换挂车头,将专车转至津浦轨道,再行南下。车站搭有松牌坊,悬挂中、法两国国旗。赵玉珂及法国总领事等前往迎送。霞飞向迎送者一一致谢,并分赠肖像,以作纪念。12点45分,在军乐和礼炮声中,开车南行。

作为著名的军事家,霞飞元帅多次出现在法国邮票上。此外,马尔代夫、马达加斯加、塞拉利昂、加纳、几内亚、圣文森特、所罗门群岛等国家和地区也发行过霞飞题材的邮票。笔者在天津集邮市场买过一套法国1917年发行的面值皆为50生丁的霞飞元帅纪念邮票,票面相框上印着法文"他对国家有很多贡献"。1917年,正是天津法国公园(霞飞广场)兴建的年份。

尼加拉瓜副总统
1934 年访津

2021 年 12 月 10 日上午，中国政府代表团同尼加拉瓜政府代表团在天津举行会谈，签署了《中华人民共和国和尼加拉瓜共和国关于恢复外交关系的联合公报》。天津再次见证了中国与尼加拉瓜这个中美洲国家友好关系的发展。

1934 年 11 月下旬至 12 月上旬，尼加拉瓜副总统爱斯宾诺萨乘船访问中国，先后到上海、南京、天津、北平及香港等大城市参观访问。11 月 23 日，爱斯宾诺萨及其随员到达南京，受到国民政府要人林森、蒋介石、汪精卫、孙科、居正、于右任等隆重接待。当晚，国民政府行政院院长兼外交部长汪精卫在外交部设宴招待尼加拉瓜贵宾，并代表国民政府向爱斯宾诺萨授予红色白镶大绥采玉勋章。

在日本帝国主义者扶植下，20 世纪 30 年代初在中国东北地区成立了伪满洲国，但是世界上绝大多数国家拒绝承认这个傀儡政权。当时日本多方引诱一些国家承认伪满洲国，中美洲小国萨尔瓦多即最先给予承认，而与之邻近的尼加拉瓜却不为所动，拒绝与日本合作，拒绝承认伪满洲国。因此，当时的南京国民政府对来访的尼加拉瓜副总统爱斯宾诺萨礼遇有加，实是为了答谢尼加拉瓜政府的支持。

1934年11月26日晚上，爱斯宾诺萨一行由南京抵达天津，被安排住宿于马场道西湖饭店。27日上午九时，爱斯宾诺萨一行赴河北省政府，会见省主席于学忠。宾主谈话有二十余分钟，由陶祝年翻译。随后，爱斯宾诺萨一行赴天津市政府会见市长张廷谔，由张锐翻译。会见结束后，尼加拉瓜贵宾由陶祝年、张锐等陪同到天津文庙、南开大学等处参观。十一时半始返西湖饭店休息。正午，省主席于学忠、市长张廷谔分别前往西湖饭店答拜贵宾，并在省府设宴欢迎，各厅厅长及外交部秘书廖承鎏等作陪。先由于学忠致欢迎词，继由爱斯宾诺萨答词致谢。下午二时始散。四时，于学忠、张廷谔陪同贵宾赴车站。爱斯宾诺萨一行即搭北宁客车附挂包车赴北平，廖承鎏随行。爱斯宾诺萨一行在天津的访问游览行程虽然比较紧凑，但受到的接待还是十分热情而周到的。

安排尼加拉瓜贵宾参观文庙，因为它是中国传统文化在天津的集中代表。1933年10月，天津市工务局局长陶景潜以妨碍交通、影响市容为名，下令拆除全市所有道路上的过街牌楼，共计19处，主要集中在南市地区和老城厢内外，其中也包括文庙的过街牌楼。天津市民闻讯后，纷纷向当局反映，要求保留文庙前的过街牌楼，"以重圣迹而存国粹"。在民众和舆论的压力下，市政府不得不将文庙牌楼从拆除名单中撤下。市政府在给市工务局的批示中说："唯文庙祀典，曾经内政部保留有案。圣迹古刻，似宜予以酌存，以重国粹。文庙前'德配天地'牌坊，雕刻玲珑，建筑古雅，木材亦甚坚固，非今艺匠所成……" 1934 年 8 月 27 日上午，天津各界举行隆重的祀孔大典，文庙殿堂装饰一新，"'德配天地'牌坊亦重绘颜色，鲜丽夺目"。文庙过街牌楼不仅躲过一劫，没有被拆除，而且还得到了修饰。尼加拉瓜贵宾正是在这一时间段游览文庙的，应该有非常好的观感。

笔者在天津集邮市场买到过一枚尼加拉瓜 1911 年加盖印花税票改作邮票，上面印有尼加拉瓜国徽图案。国徽的三条边象征平等、真理和正义，下方的海洋代表由中美洲地峡分开的太平洋和加勒比海，中间的五座山峰象征原来组成中美洲联邦的洪都拉斯、危地马拉、尼加拉瓜、萨尔瓦多和哥斯达黎加，山顶之上竖立的是"自由之竿"和"自由之帽"。

奥运冠军
李爱锐

2021 年 7 月 23 日，2020 年东京奥运会即第 32 届夏季奥林匹克运动会在推迟一年后正式开幕。在本届奥运会开幕前，国际奥委会把奥林匹克格言在"更快、更高、更强"的基础上增加了"更团结"。奥运会举办期间，奥运历史文化及著名人物成为全世界的热门话题。天津的体育爱好者和文史爱好者们，此时则不约而同地想到了从海河之滨走出的奥运冠军李爱锐。

李爱锐是苏格兰人，本名埃里克·亨利·利迪尔，李爱锐是他的中文名字。1902 年，他出生于中国天津。李爱锐儿时就在天津伦敦会院内一个小体育场里踢球，自幼富有体育天赋。1907 年，他随父母回国上小学，后来进入苏格兰史达灵郡伦敦中学，又考入爱丁堡大学，攻读科学学位。大学期间，他在橄榄球方面初露锋芒，并且加入了苏格兰橄榄球队。稍后，李爱锐又显露出长跑才能。在教练的指导下，他专攻田径。作为年轻新秀，李爱锐参加了1924年在法国巴黎举行的第8届奥林匹克运动会。正是在这届奥运会上，李爱锐参加400米赛跑，结果一鸣惊人，以47秒的成绩打破男子400米跑的奥运会纪录和世界纪录，夺取了该项目的金牌。

1925年，李爱锐放弃了欧洲能够给他的非常优厚的待遇，怀着对出生地天津的眷恋，毅然回到了离别多年的海河之滨。

1934年，李爱锐在天津联合教堂与一位加拿大籍女护士结婚。他们的家就安在英租界剑桥道70号（今重庆道38号）一座三层小楼里。数年后，他们的大女儿和二女儿相继出世，由于当时远东战云密布，利迪尔便将家人迁往加拿大避难。其时，妻子又怀有身孕。在加拿大，妻子生下了第三个女儿。但直到李爱锐去世，他也没能见到这个最小的女儿。

李爱锐在天津新学书院（后改为新学中学、天津市第十七中学）执教十余年，成为最受欢迎的教师，学生们亲切地叫他"利迪尔叔叔"。学校的体育活动都由李爱锐统筹安排。他曾培养出不少中国青年体育人才，还相继组建了足球、篮球、垒球、棒球、排球等多支体育运动队伍，参加国内外体育赛事。1925年，英租界工部局邀请李爱锐参与设计对民园体育场的改造。改建后的民园体育场，成为当时亚洲首屈一指的综合性体育场。1929年，李爱锐在此参加了英租界当局举办的万国田径运动会。比赛中，他战胜了500米世界纪录保持者德国选手奥托·费尔萨，同时夺得了本届运动会400米跑的金牌，这也是他运动生涯中获得的最后一枚金牌。1991 年，他的三个女儿把这块金牌及另一尊银盾奖杯，赠送给天津市第十七中学，作为永久的纪念。

不幸的是，太平洋战争爆发后，1943 年，李爱锐和一些外国侨民被日军押往山东潍县集中营囚禁。1945 年，在抗日战争胜利前夕，李爱锐病逝于这座集中营。

在李爱锐逝世后的七十多年中，世界各地的纪念活动从未停止过。人们不仅发表回忆文章、出版回忆录、拍摄电视纪录片、举办纪念活动，还成立了埃里克·利迪尔基金会。关于李爱锐的传记片《烈火战车》，曾于 1982 年获得第 54 届奥斯卡最佳影片、最佳原创剧本、最佳服装设计、最佳配乐四项大奖。2011年 11 月，由天津市人民政府主办的"李爱锐与天津"图片展在英国伦敦举办。中国驻英国公使在致辞中说，李爱锐是中英两国人民的友好使者，也是中英两国奥运合作的先驱；他将奥林匹克精神带到中国，并培养了大量中国青年运动员。

法国发行的第 8 届奥运会即 1924 年巴黎夏季奥林匹克运动会纪念邮票，笔者在天津集邮市场买到过一套。1924 年，正值奥林匹克运动复兴 30 周年。1894 年，在巴黎举行的国际体育会议上，国际奥委会宣告成立。为了表彰奥林匹克运动的奠基人、不久即将卸任的国际奥委会主席、法国人顾拜旦的特殊贡献，国际奥委会便选择在该组织的诞生地巴黎举行第 8 届奥运会。这样，巴黎在继 1900 年举办第 2 届奥运会之后，它成为世界上第一个两次主办奥运会的城市。在第 8 届奥运会上，首次引入了"更快、更高、更强"的奥林匹克格言，并且第一次在闭幕式上同时升起国际奥委会会旗、本届奥运会主办国和下届奥运会主办国的国旗，成为此后历届奥运会闭幕式的惯例。在 1924 年巴黎奥运会纪念邮票上，通过奥林匹克人物、运动场所与巴黎名胜相结合的图案，体现出奥林匹克运动复兴 30 周年以来给世界体育运动带来的飞跃发展。这种"更快、更高、更强"的奥林匹克精神的首次传扬，也正是李爱锐获得奥运冠军的历史氛围。

与阿富汗
歌舞艺术家交流

▶ 20 世纪 50 年代阿富汗查希尔国王
头像邮票

近几年，阿富汗政局发生巨变，引起世人极度关注。阿富汗的连年战争，不仅经济遭受重创，而且文化也难以繁荣。阿富汗与中国是友好邻邦，两国交往历史悠久，特别是在新中国成立后的 20 世纪五六十年代，中国与和平年代的阿富汗之间的文化交流十分密切，留下了许多美好的记忆。

由笔者参与策划、王斌和杜仲华先生撰著、天津社会科学院出版社出版的《歌唱祖国：王莘传》一书，生动而真实地讲述了谱写《歌唱祖国》的人民音乐家王莘充满传奇色彩的艺术人生。20 世纪 50 年代至 60 年代前期，王莘以饱满的政治热情参加了很多中外艺术交流活动。《歌唱祖国：王莘传》重点叙述了王莘随中国青年代表团访问波兰华沙马佐夫舍歌舞团的情况。现将笔者掌握的有关王莘与阿富汗艺术家交流的情况介绍给读者，借此也反映出当时天津演员与阿富汗艺术家的友好往来与亲密互动。

1958 年 8 月 16 日，以王莘为团长的天津人民艺术剧院歌舞团全团人员乘飞机到达阿富汗王国首都喀布尔。王莘曾经写出了自己对阿富汗的美好印象："在群山环抱的高原上，这里天气虽然干燥，天空里连一丝云彩也找不见，但依靠山水的灌溉，到处是绿树成荫的果园。这里盛产葡萄、苹果和哈密瓜，现在正值瓜果季节，主人每天都以丰盛的瓜果来招待我们。"天津的演员们住在王宫附近的一所大楼内，这所大楼是主人为了接待他们而刚刚赶工建成的。阿富汗王国政府对中国政府特派歌舞团远道而来参加该国独立 40 周年庆祝活动极为重视。阿富汗新闻署署长里什蒂亚对天津的演员们说："这是阿中深厚友谊的具体表现。"

1958 年 8 月 24 日上午，为庆祝阿富汗独立 40 周年，在喀布尔举行了盛大的阅兵仪式，王莘及天津人民艺术剧院歌舞团全体成员应邀观礼。当晚，他们与苏联派来的塔吉克共和国歌舞团联合举行了庆祝演出，阿富汗首相达乌德、两位王叔、各部大臣及各级官员两千余人出席观看。天津演员表演的中国民族民间音乐、舞蹈节目，包括龙舞、孔雀舞、独奏、独唱等，受到了观众热烈欢迎。演出结束后，达乌德首相亲自上台赠礼并与演员一一握手。随后的几天，中、苏两国歌舞团每天在露天剧场为喀布尔市民进行公演，观众非常踊跃。天津人民艺术剧院歌舞团演出的《庆丰收》《茉莉花》《跑驴》等节目深受观众喜爱。在玛拉拉女子学校演出后，师生们还亲如家人般招待了全体演员，为他们做了可口的点心。

1958 年 8 月 31 日下午，中、苏两国歌舞团在喀布尔体育场为三万五千多名观众进行演出，观众们在看台上热烈地为每个节目鼓掌叫好。当晚，阿富汗国王查希尔在王宫接见中、苏两国歌舞团领导人，对演出给予高度评价，并赠送他们每人一条精美的阿富汗小地毯。9 月初，天津人民艺术剧院歌舞团还到阿富汗南方城市坎大哈进行了五天的演出。

1960 年 7 月 26 日，阿富汗王国音乐歌唱团到达天津，进行演出和访问。阿富汗王国音乐歌唱团由阿富汗最好的乐队喀布尔电台民族乐团的成员组成，团长阿卜杜勒·布里希纳是王国教育部顾问。7 月 27 日晚，阿富汗艺术家在人民礼堂举行音乐晚会。晚会以阿富汗民族乐器演奏开始，表演者用小号、曼德林、坐式手风琴合奏的阿富汗名曲《落花曲》，以和谐优美的音乐语言表现了百花在微风中飞舞的情景。晚会上，阿富汗古老的民族乐器演奏，如六弦琴演奏、阿富汗鼓演奏，十分悠扬动听，引起观众浓厚兴趣。此外，艺术家们还演唱了富有民族特色的普什图民歌等，博得观众好评。7 月 28 日下午，阿富汗艺术家与曾经访问过阿富汗的天津人民歌舞剧院（原天津人民艺术剧院歌舞团）的演员及天津市文艺工作者在干部俱乐部举行联欢会，两国艺术家们纷纷献艺，表演了很多精彩的节目。

天津人民艺术剧院歌舞团与阿富汗王国音乐歌唱团两年之内的互访，为中阿文化交流史写下了一段难得的佳话。

阿富汗 1871 年开始发行邮票,是亚洲最早发行邮票的国家,但是由于长期战乱,经济落后,邮政发展亦受限制,该国邮票并不多见。笔者在天津集邮市场买到过一枚阿富汗 20 世纪 50 年代发行的国王查希尔头像雕刻版邮票。查希尔就是 1958 年在王宫接见过王莘的国王。在他担任国王期间,中国与阿富汗建立了外交关系。回望历史,充分证明,只有建立持久和平,才能使阿富汗的民族、民间艺术得到传承和发展。

想起
"小象米杜拉"

▶ 英属锡兰大象邮票

　　2021 年云南大象北迁事件成为新闻热点。大象作为世界上最大的陆栖哺乳动物，其生存环境及命运，再次引起世人关注。中老年朋友们在谈论这个话题时，不约而同地提到曾经在天津居住过近三十年的著名锡兰象"米杜拉"。

　　大象，分为亚洲象和非洲象。亚洲象，目前主要分布在南亚和东南亚地区。南亚岛国斯里兰卡旧称锡兰，锡兰象又名斯里兰卡象，是亚洲象的四个亚种之一，也是亚洲象的指名亚种（即最先发现或最先命名的）。自古以来，大象在斯里兰卡的文化中就占有重要地位，被当地人奉若神明。"象节"，又称"佛牙节"，是斯里兰卡人民的传统节日。每年 8 月，在佛教名城康提举行持续一个月的"大象游行"。每天傍晚开始，午夜结束，几十头乃至上百头大象穿着五彩缤纷的衣服列队行进，领头象驮着装有佛牙舍利的银匣子走在队伍的最前面。1975年，斯里兰卡建成世界上第一所"大象孤儿院"，主要收养那些在丛林中失去母亲的幼象，那些掉入陷阱受重伤的、脱离群体迷途的、因战火负伤的及患病的幼象都有资格住进孤儿院。锡兰象曾经多次被斯里兰卡政府作为友好使者赠送给各国人民。新中国成立以来，斯里兰卡先后赠送给中国三头锡兰象。

1972年，斯里兰卡总理西丽玛沃·班达拉奈克夫人代表斯里兰卡儿童把年仅一岁的雄性锡兰象"米杜拉"赠送给中国儿童。在斯里兰卡的僧伽罗文中，"米杜拉"是"朋友"的意思。6月18日，在首都体育馆举行了赠象交接仪式，周恩来总理亲自出席，并在仪式上发表讲话。"小象米杜拉"成为中斯两国人民友谊的象征。作为闻名全国的动物明星，"米杜拉"在北京动物园生活了七年，来自全国各地的无数游客前往参观。

1979年，"米杜拉"被送到正在筹备建立的天津动物园。天津动物园1980年正式成立后，"米杜拉"从小象成长为大象，是该园名气最大的动物，但是人们还是习惯于亲切地称它为"小象米杜拉"。1981年9月，天津动物园面积最大的兽舍"大象馆"建成开放，"米杜拉"正式迁入新居，当时它的体重是三吨半。1989年4月，有记者到天津动物园采访后，发表了一段对"米杜拉"的特写："大象'米杜拉'含情脉脉地站在母象'翁杠'（意为漂亮的姑娘）身边，用大象的方式表达着自己的爱情。'翁杠'则无动于衷。'米杜拉'曾是大名鼎鼎的动物明星……现也进入青壮年了。它每天要吃五十多公斤稻草、20公斤蔬菜和 10 公斤精饲料。它很爱干净，从不躺着睡觉。饲养员说：'米杜拉'很有点儿少爷脾气，经常发火。'翁杠'年刚 11 岁，似乎对'米杜拉'不感兴趣。'米杜拉'有点儿恼火，用鼻子卷了一捆稻草，抽来抽去……"

2008 年，37 岁的"米杜拉"因外伤感染不幸去世。随后，它被天津自然博物馆的工作人员制作成动物标本，在该馆展出。

世界上很多国家都发行过大象邮票，尤其是亚洲和非洲国家。世界第一枚大象邮票，应是西非国家利比里亚于 1892 年发行的。中国曾多次发行过大象邮票，东南亚和南亚的越南、老挝、柬埔寨、泰国、马来西亚、缅甸、印度、尼泊尔、斯里兰卡等国也都曾发行过大象邮票。笔者在天津集邮市场买过一枚英属锡兰时期发行的大象邮票，票面右上角印有英国国王乔治六世头像，面值 50 分。这是一枚信销票，但未盖邮戳，而是采用特殊的手填戳，亦称"手销票"，钢笔书写的日期为 1947 年 12 月 20 日。票面主要图案为一群大象，正在涉水渡河。看到邮票上的这群锡兰象，不禁令人想起聪明、可爱的"小象米杜拉"。

西哈努克在天津谱写
"第二故乡"

▶ 柬埔寨西哈努克亲王邮票

在天津集邮爱好者中，有些人专门集存柬埔寨邮票，尤其喜欢收藏印有西哈努克肖像的邮票。这与西哈努克亲王生前多次访问天津、与天津人民长期友好交往有很大的关系。

2012 年在中国北京逝世的柬埔寨太皇、前国王诺罗敦·西哈努克，是诺罗敦和西索瓦两大王族后裔，1922 年生于金边，1941 年由王位委员会推选为国王。1952 年至 1953 年，西哈努克向法国提出独立要求。1953 年，柬埔寨获得完全独立。两年后，西哈努克把王位让给父亲诺罗敦·苏拉玛里特，后数度出任首相，1960 年在父亲逝世后再度担任国家元首。西哈努克努力维持柬埔寨的中立与和平，是不结盟运动发起者之一。在美国支持下，朗诺－施里玛达集团在 1970 年发动政变，西哈努克流亡中国，后成立柬埔寨民族统一阵线并任主席，领导民族解放斗争直至胜利。1975年至1979年红色高棉执政期间，西哈努克遭到软禁。越南1979年入侵柬埔寨后，西哈努克成立争取柬埔寨独立、中立、和平与合作民族团结阵线，领导抗越斗争。1993年，西哈努克被推举为国王和终身国家元首。2004年，西哈努克宣布因年事已高和身患多种疾病决定退位，王位委员会随后推举西哈努克之子西哈莫尼为新国王。

西哈努克担任柬埔寨政府首脑和国家元首时，始终支持中国人民的正义事业；退位后，他继续致力于中柬友好事业。对天津和天津人民，他更是情谊深切。

1958年8月21日，时任柬埔寨王国首相的西哈努克亲王，由周恩来总理陪同，乘专车到达天津，在车站受到河北省、天津市党、政、军负责人及各界群众的热烈欢迎。随后乘专车到达武清县（今武清区），参观了武清县杨村镇周家务乡的试验稻田，以及灰锅口乡由群众集资建造的八孔闸水电站等。

20世纪70年代前期，作为柬埔寨国家元首、柬埔寨民族统一阵线主席的西哈努克亲王，访问天津次数最多，居住时间也最长。1971年5月29日，西哈努克亲王和夫人乘专车从上海到达天津进行友好访问，天津市数十万群众夹道欢迎柬埔寨贵宾。30日，西哈努克亲王参观了天津新港。31日，访问了天津医学院附属医院、天津手表厂。6月3日，天津市举行文艺晚会欢迎西哈努克亲王，文艺工作者演出了由西哈努克亲王作词作曲的歌曲《怀念中国》。4日，西哈努克亲王参观访问了中国人民解放军北京部队驻津某部，观看了空军飞行表演和地面部队的军事表演。

6 日，参观访问了天津广播器材厂、天津毛织厂。7 日，西哈努克亲王和夫人圆满结束了在天津的友好访问，乘专车前往北京。中央新闻纪录电影制片厂摄制了新闻纪录片《西哈努克亲王访问天津》，在各地影院放映。

1972 年 12 月 8 日，西哈努克亲王和夫人到达天津。那时他在中国已度过两年多，中国成了他的第二故乡。在天津生活期间，他触景生情，有感而发，为中国谱写了第三首歌曲《啊中国，我可爱的第二故乡》。这首歌抒发了西哈努克亲王对中国人民的无限感激之情，也表达出他对前途充满信心。当时几内亚总理贝阿沃吉正在中国访问，在周恩来总理的陪同下，他于 12 月 12 日专程到天津会见西哈努克亲王。西哈努克亲王会见并宴请了几内亚贵宾。宴会结束后，三国领导人一同观看文艺晚会，由天津市文艺工作者演出了西哈努克亲王新创作的歌曲《啊中国，我可爱的第二故乡》。18 日，天津市举行文艺晚会招待西哈努克亲王和夫人，文艺工作者再次演出了这首歌曲。

2005 年 8 月 13 日，西哈努克之子、柬埔寨新任国王西哈莫尼到天津访问，回顾了 34 年前他在天津的生活。他说："天津是我年少时访问中国的第一个城市，曾在这里学习《白毛女》这部芭蕾舞剧并出演其中重要角色，受到天津人民的热情欢迎，与大家结下深厚友谊。"他特别指出，就是在天津，西哈努克谱写了《啊中国，我可爱的第二故乡》这首歌曲。

中国、朝鲜都发行过印有西哈努克肖像的邮票，柬埔寨本国更是发行过多版西哈努克题材的邮票。我在天津集邮市场买过一枚 20 世纪 60 年代柬埔寨发行的西哈努克肖像邮票，票面加盖法文"印度支那人民会议"字样。召开"印度支那人民会议"，是西哈努克亲王于 1964 年 11 月 9 日代表柬埔寨人民社会同盟向越南和老挝所有爱国政党或团体提出的，旨在"让世界听听我们印度支那各国人民坚决要求和平的呼声"，了解印度支那各国人民"要求美帝国主义立即全部撤出印度支那地区的真正愿望"。

女王是个
集邮迷

　　当地时间 2022 年 9 月 8 日，英国女王伊丽莎白二世在苏格兰巴尔莫勒尔城堡去世，享年 96 岁。她成为英国历史上最长寿、在位最久的君主。1986 年伊丽莎白二世曾经访问中国，当时虽然没到天津，但她与天津仍有很多渊源。如她在 1967 年主持下水仪式的"伊丽莎白二世"号游轮，曾于 1988 年抵达天津港，受到热烈欢迎。再如为纪念 2006 年德国世界杯亚洲区预选赛中国队与马来西亚队的比赛，由南非制造、澳大利亚发行了彩色套币，其中一枚正面为伊丽莎白二世女王头像，背面为天津泰达足球场全景图，颇具纪念意义。

　　特别值得一说的是，伊丽莎白二世除了收藏大量珠宝首饰外，非常喜欢集邮。英国"皇家邮集"是目前世界上最好的邮集之一，其中收藏的英国及英联邦国家和地区的邮票种类之全、数量之多，堪称世界之最。经过英国几代君主的传承，这部"皇家邮集"规模已达三百多本邮册，现存于白金汉宫，是目前存世的规模最大的邮集，其总价值超过一亿英镑。有媒体披露说，伊丽莎白二世女王资产中份额最大的部分就是珍邮，所有这些邮票的价值甚至比她在仙灵汉姆和巴尔莫勒尔的地产总额还要大。

英国"皇家邮集"由维多利亚女王的次子阿尔弗雷德王子于1864年开始收集，后出售给他哥哥威尔士王子（后来的爱德华七世）。爱德华七世又把邮集传给自己的儿子约克公爵（乔治王子）。乔治王子（即伊丽莎白二世的祖父、后来的乔治五世）经过多年的扩充，奠定了"皇家邮集"的基础。1893年3月，乔治王子加入伦敦集邮协会，被推举为名誉副会长。同年7月，在他与玛丽公主大婚时，竟有一百多人奉献了一千五百多种邮票，成了特殊的"集邮婚礼"，其中包括玛丽公主从自己邮集中选出的精品。1896年，乔治王子被选为伦敦集邮协会会长，直到继承王位后才辞职。1906年，他说服父王将伦敦集邮协会更名为"皇家集邮协会"，使其具有王室的权威与影响。万国邮联在1921年出版的《卓越集邮家名册》中，把乔治五世列为首位，成为真正的"世界邮王"。1936年乔治五世去世后，他的长子爱德华八世曾想出售这部"皇家邮集"。后来爱德华八世因"不爱江山爱美人"而逊位，由他的弟弟（伊丽莎白二世的父亲）继位成为乔治六世，并继承了他父亲的这一遗产。从1946年起，年轻的伊丽莎白公主（登基前的伊丽莎白二世女王）就经常在白金汉宫欣赏这部"皇家邮集"。伊丽莎白二世登基之后，成为"皇家邮集"

的拥有者。

伊丽莎白二世和她的父亲乔治六世、祖父乔治五世、曾祖父爱德华七世一样，都是很有作为的集邮家。她把庞大的"皇家邮集"分为几部分：祖父及以前收藏的部分称"蓝色邮集"，父亲收藏的部分为"红色邮集"，自己收藏的部分则称"绿色邮集"。英国多位国王都认识到集邮在发展国际友好关系方面的重要作用，所以在历来的重大国际邮展中都慷慨地拿出"皇家邮集"的部分珍邮参展。在伊丽莎白二世手中，"皇家邮集"不仅得到持续扩充，而且还通过在国内外重要邮展中亮相，让公众接近这一邮中珍藏，增加其透明度和知名度。世界邮展是当代级别最高、规模最大的集邮展览。在北京举办的中国 1999 世界集邮展览，是中国首次举办的一项综合性世界集邮展览。在中国 1999 世界集邮展览上，最吸引人的珍邮当数"黑便士"。"黑便士"是世界邮票的鼻祖，它的风姿被完整地保存在伊丽莎白二世的邮集《世界上第一枚邮票——"黑便士"》中，总数达 8 框。"黑便士"邮票于 1840 年 5 月 6 日正式发行。因其面值以便士计量，用黑色油墨印制，故称"黑便士"。

伊丽莎白二世除了热衷集邮外，对邮票印刷过程也颇感兴趣。1972 年 5 月，伊丽莎白二世女王与丈夫菲利普亲王、次子安德鲁王子、三子爱德华王子一起参观一家著名邮票印制厂，观看正在印制的《女王银婚纪念》邮票。女王还与丈夫一起在印样上签名。这是他们第一次参观邮票印刷厂。2002 年，伊丽莎白二世女王检视由英国皇冠邮票代理局为 25 个英联邦国家和地区的邮政机构代理发行的《女王登基金禧纪念》系列邮票。她鉴赏邮票使用的放大镜是其祖父乔治五世使用过的。2014年10月30日，年届88岁的伊丽莎白二世又在丈夫菲利普亲王的陪同下，到访位于英格兰中部伍尔弗汉普顿的国际保安印刷公司，为该公司7000平方米的新总部建筑和厂房正式揭幕，并参观了邮票印刷车间和邮票成品展示。

有意思的是，伊丽莎白二世不仅是个集邮迷，而且她本人也成为一个十分重要的集邮题材。由于伊丽莎白二世在位时间长、英国邮政业发达且在世界上影响大，加之英联邦国家和地区较多，所以印有伊丽莎白二世头像邮票版式之多，堪称世界人物头像邮票之最。天津有很多集邮爱好者长期专门搜集伊丽莎白二世头像邮票，笔者也存有数百种。

东海西海
结扇缘

　　为庆祝《中老年时报》创刊 30 周年，时报联合百年劝业博物馆于 2022 年在坐落于天津劝业场内的该馆举办"一带一路结扇缘——精品西洋扇收藏展"，吸引了众多参观者。展出的精品西洋扇绝大多数都是由中国工匠精心制作后远销海外，历经百年又由收藏家苦心搜寻而汇集成展。通过观展，可以了解到这些精美西洋扇所蕴含的精湛制作技艺，以及丰富多彩的近代中外商贸历史文化，很有意义。

　　笔者喜欢和研究扇文化有年，2006 年曾出版《名家扇面趣谈》一书，以中国博大丰厚的扇文化为依托，以古今名家精彩纷呈的扇面佳作为线索，介绍了明代以来一百位著名美术家、书法家、篆刻家、文学家、学问家、政治家、思想家、教育家、戏剧家、收藏家和制扇工艺家创作的题材丰富、技艺高巧、情趣盎然、意境深远的扇面作品，同时穿插讲述扇面内外一些鲜为人知的逸闻趣事，让读者在潜移默化的文化熏陶之余产生赏心悦目的感觉，并且能够对喜欢玩赏和收藏名人字画及扇面的读者产生实际的指导或参考作用。《名家扇面趣谈》与"精品西洋扇收藏展"一书一展旨趣相同，而笔者与该展览策展人姜维群先生也是多年的"扇友"，从扇面书画的艺术品位，到扇面、扇骨选材及工艺，再到成扇的审美价值和实用价值，都是长期以来我们经常共同探讨的话题。

清末天津张焘在《津门杂记》中说："广州通海最早，得洋气在先。"广州是明清时期华南沿海重要的外贸港口，被称为"独口"，意即唯一的对外通道。清代康熙二十二年（1683）收复台湾，东南沿海逐步安定，广州对外贸易恢复，荷、英、法等国开始绕开葡萄牙占领的澳门直接到广州贸易，瓷器、丝绸、漆器、银制品等得以大量出口。此时，专为欧洲人制作的西洋扇也完成了华丽的转身，而且在广州形成了工艺品生产流通的一条龙。那时广州有"十三行"，是规模庞大的中国工艺品制作集散基地，在那里"中国人力图用自己不熟悉的原料按西方式样作画"，但依然保持天生的中国风格，被称为"欧洲标准的中国艺术"，出口的西洋扇即是典型中的典型。曾在英伦深入考察艺术品市场的姜维群先生认为，中国工匠以东方智慧制作西洋扇，这种结合既满足了西方的审美，又保持了东方的风格，让人叹服，堪称经典。这也令人想起钱锺书先生在《谈艺录》序中说过的一句名言："东海西海，心理攸同；南学北学，道术未裂。"即是说无论东西南北,全世界在心理上都有一致性和共同性。

近代以来,天津收藏、鉴赏扇面及成扇之风日盛,曾经多次举办大型扇面展览。1933 年 6 月,中国女子图画刺绣研究社和撷芳画社在距天津劝业场不远的永安饭店举办扇面展览会。展览系慈善性质,各界踊跃参加,共襄善举,开展三日已售出一百数十件。著名书法家华世奎等亦将多件所书扇面捐展助赈。同年 9 月,天津市立美术馆鉴于当时各处灾况奇重,特发起扇面助捐展览会,征集各界名家扇面作品五百余件,绅商名流到场参观选购者十分踊跃。1934 年 9 月,天津市立美术馆举办第二届扇面展览会,搜集个人收藏的故旧折扇、团扇三百余件。此外,还有静海李亚唐收藏的当时知名书画家创作的折扇三百件参展,展品配有樟木盒,每盒八柄,颇为壮观。20 世纪 40 年代,在永安饭店等处举办的名家书画展中,仍常有扇面和成扇参展,很受收藏者欢迎。

世界上很多国家和地区都发行过扇题材邮票,以亚洲和欧洲国家为多。扇题材邮票大致可分两类,一类是各种扇形邮票,属于异形邮票;一类是表现扇文化、扇历史的邮票。扇形邮票,可以《二十四节气》邮票为代表。从 2015 年到 2019 年,中国邮政历时五年推出的《二十四节气》邮票,以其系列邮票加特殊版式小全张(圆形大全套)的发行模式、扇形排列的创新设计,在中国邮票发行史上留下精彩的一笔。《二十四节气》系列邮票是中国邮政发行的首个扇形系列邮票,全套邮票共 24 枚,分春、夏、秋、冬四组发行,每组六枚邮票均采用相同的扇形规格连印，由此，不仅形成每枚邮票的小扇形，而且每组六枚邮票连印整体上又形成一个大扇形，这种扇形票形的安排，不仅是一种邮票印制技术的创意，同时也是一次邮票审美视角的创新。邮票画面以物候、民俗、农事内容为对象，表现出季节轮换中各个季节的变化，反映中华文化生生不息传承而来的智慧与魅力。

表现扇文化、扇历史的邮票，著名的有中国邮政2015年发行的《挥扇仕女图》特种邮票，一套三枚，画面活灵活现地展现了现藏于北京故宫博物院的唐代著名宫廷画家周昉的代表作《挥扇仕女图》。此外，我在天津集邮市场还买到过韩国、日本、泰国等国家发行的一些扇题材邮票，可以看出它们既有受中华文化影响的一面，也显示出各自民族的艺术风格。

邮票上的
中外名城与天津

绍兴小百花
与天津越剧热

2023 年，绍兴小百花越剧团在天津大礼堂演出越剧《三看御妹》《梁山伯与祝英台》，受到天津观众欢迎。《三看御妹》作为天津市第三届"蹦豆儿"喜剧节的展演剧目，两位梅花奖得主吴凤花（二度梅）、吴素英精彩演绎了这个欢喜故事。《梁祝》同样由两位梅花奖得主主演，吴凤花和陈飞在舞台上谱写出一曲动人的爱情挽歌。一喜一悲两部精彩剧目，皆博得观众喝彩。绍兴小百花越剧团时隔多年再次来津，并以实力阵容演出耳熟能详的经典剧目，让津城越剧迷兴奋不已。吴凤花表示，越剧在北方能有这么多观众，而且还有很多年轻面孔，令人非常感动。

浙江省绍兴市是首批国家历史文化名城，素称"文物之邦""鱼米之乡"。绍兴原有 1951 年组建的绍兴县越剧团，20 世纪 80 年代初期创办绍兴戏曲训练班，1986 年重新成立绍兴小百花越剧团，广受全国观众欢迎，成为绍兴文化一大品牌。

绍兴小百花越剧团曾经多次莅津演出，与天津观众结下不解之缘。1988年5月，重新成立不久的绍兴小百花越剧团在应邀赴北京中南海演出后，于天津中国大戏院演出《劈山救母》《醉公主》《天波英姿》和《梁祝》《红楼梦》《碧玉簪》《穆桂英挂帅》《白蛇传》《三看御妹》中的优秀折子戏。该团演员、伴奏员全部是女青年、女少年，年龄最大为20岁，最小为15岁。80年代初39名学员开始培训时，平均年龄只有12岁。首次来津演出时，这些女孩子已经分担生、旦、丑等行当，文唱武打，刚柔相济，运腔流畅甜美，做工优雅秀气，有的还掌握了高难度的武打"出手"技巧，被誉为越剧"第三梯队"。她们的演唱，具有江南越剧独有的妩媚清幽、柔情丽质，显示了江南女性的舞台艺术之美。

1995年11月，继浙江省小百花越剧团在津掀起演剧高潮后，来自越剧之乡绍兴的小百花越剧团又在天津中国大戏院献演大戏《吴王悲歌》《陆文龙》和一台优秀折子戏。当时绍兴小百花越剧团已先后排演过大戏十八出、折子戏四十余出，以高水平的剧目演出质量，被誉为"江南一枝花"。全团有七位演员师承"越剧十姐妹"中的五位老前辈，其中宗范（瑞娟）派的小生吴凤花、工吕（瑞英）派的花旦吴素英、学傅（全香）派的花旦陈飞、师承吴小楼的老生陈琴湘等颇有成就。2001年5月、2009年10月，绍兴小百花越剧团数度来津，在中国大戏院演出《狸猫换太子》《梁祝》等剧，引起津城越剧迷们的浓厚兴趣。

越剧一百多年前发源于嵊县（今浙江省嵊州市），因历史上曾有"绍兴女子文戏""绍兴戏剧""绍兴文戏""绍剧"之称，所以曾被视为绍兴地方剧种，越剧剧名的翻译中也出现过"Shaoxing Opera"一词。越剧鼎盛时期，全国大多数省、自治区、直辖市都设有专业剧团，成为中国戏曲第二大剧种，有"第二国剧"之称，又被称为"流传最广的地方剧种"。天津在历史上由绍兴乃至浙江移民较多，天津人民对绍兴文化乃至浙江文化情有独钟，与越剧艺术渊源颇深，越剧与京剧、评剧、河北梆子、豫剧成为近代以来天津的五大戏曲剧种。

2023 年是天津市越剧团正式命名 70 周年。1950 年 4 月，由裘爱花、筱少卿、邢湘麟率领的上海联合女子越剧团第一次把越剧带到天津，在劝业场天华景戏院演出，盛况空前，连续演出了三年，从此越剧在津门生根开花。1953 年 5 月，上海联合女子越剧团正式成为在天津演出的专业剧团，并受文化部委派，以"天津市越剧团"为名，慰问中国人民志愿军，并沿用此名。周恩来总理多次观看天津市越剧团演出，郭沫若同志曾经三次为该团题词。

1980 年，天津市越剧团重新组建，上演新编历史剧《文成公主》。后来尽管剧团取消，但是越剧迷们热情不减。1995 年，福建省芳华越剧团、宁波小百花越剧团、绍兴小百花越剧团、浙江省小百花越剧团先后来津演出，津城掀起越剧热潮。一些越剧爱好者也自发组织起来，共同交流越剧艺术，于 1996 年正式成立了天津市越剧之友联谊会。2015 年，"南花北移的佼佼者——

天津市表演艺术咨询委员会越剧委员艺术成就资料展览"在天津文庙博物馆举办,展览用300幅历史照片和50件越剧演出服装、道具和实物资料,全面展示了裘爱花、筱少卿、邢湘麟、章飞飞、陈佩君、谢素云等越剧表演艺术家对"南花北移"事业所作的贡献。

笔者在天津集邮市场买到过一套《民间传说·梁山伯与祝英台》特种邮票,系2003年中国邮政发行。全套共五枚,分别为"草桥结拜""三载同窗""十八相送""楼台伤别""化蝶双飞"。邮票设计者采用年画常用的勾线平涂方法,造型和场景则以越剧影片《梁山伯与祝英台》为基础版本,足见越剧演绎传统题材而产生的经典魅力。

2024年5月20日,中国邮政发行了一套三枚的《越剧》特种邮票。

泉州津门
一脉牵

►《泉州开元寺镇国塔》邮票

2021 年 7 月 25 日，中国提交的"泉州：宋元中国的世界海洋商贸中心"获得第 44 届世界遗产大会批准，成功列入"世界文化遗产名录"，成为中国第五十六处世界遗产。天津市与福建省泉州市，同为中国国家历史文化名城，同为沿海重要港口城市，有着深厚的历史渊源和密切的文化联系。

"泉州"，亦是天津的一个古地名。汉王朝施行郡县制，在今天津范围内设置了四个县，分属于三个郡，即右北平郡的无终县、渔阳郡的雍奴县和泉州县、渤海郡的东平舒县。历经两千多年的沧桑变迁，通过勘探和试掘，在天津地区能确定为汉代城址的有静海区西钓台遗址、程庄子遗址，武清区泉州故城、大宫城遗址。在位于永定河南岸的泉州故城内曾采集到带有"泉州"戳记的陶盆残片，在其附近汉墓中出土的陶罐上也印有"泉州"二字，结合文献记载及城内的出土文物分析，该城址当是汉代泉州县县治所在地。

天津古代还有一条运河叫作"泉州渠"。东汉末年，曹操决心北上征讨乌桓，而又担心交通不畅难以确保粮饷供应，遂采纳谋臣董昭的建议：开凿平虏渠，即沟通今南运河与大清河；开凿泉州渠，即沟通今北运河与蓟运河。建安十一年（公元206年），曹操征调大批民夫，开凿平虏渠和泉州渠，使华北平原众多河流汇合于泒河尾闾（即现在的海河）然后东流入海。

地处华北的天津与地处东南的泉州，都是中国沿海重要的贸易港口。东南沿海的番禺（今广州）早在汉朝就已是海外宝物聚集的都会，成为中国最早的海外贸易港口。直到北宋，广州一直保持作为全国最大贸易海港的地位。与此同时，泉州、杭州、明州（今宁波）、登州（今蓬莱）等也有一定的发展。广州在全国贸易中的重要地位，还一度被泉州所取代。鸦片战争以后，上海、天津、青岛、大连等先后被辟为外贸商埠，使中部、北部沿海港口在海外贸易中的地位迅速提高。上海地理位置最为优越，发展最快，取代了广州在全国海外贸易中的重要地位，成为全国最大的海港和经济中心。天津仅次之，成为华北乃至北方最大的港口和经济中心。

天津与泉州，不仅同为沿海重要港口城市，而且都建有以企望"海神"护佑为宗旨的天后宫。更为重要的是，这两座港口城市的天后宫，无论是在政治规格、文化地位还是在民俗传承、社会影响上，都是一般地区的天后宫难以企及的。1985年天津修建古文化街、修复天后宫等四大古建筑时，还专门派技术人员到泉州天后宫等处参观学习，收集彩画等方面的资料。1994年，天津歌舞剧院歌舞团在泉州演出了大型舞乐《妈祖》第二幕，受到当地观众热烈欢迎。惠安为泉州所辖地区，《妈祖》第二幕中表现惠安女的片段令泉州观众感到十分亲切。流传千年的妈祖（天后）故事，成为津门与泉州两地进行文化交流的重要题材和媒介。

说起天津与泉州的之间的缘分，会使人油然想起享誉海内外的中国近代文化先驱、一代高僧李叔同——弘一法师。他1880年出生于天津，1942年圆寂于泉州。天津与泉州，是李叔同人生的起点与归宿。在他的一生中，这两座历史文化名城哺育了他，成就了他，对于他来说无疑是非常而特殊重要的。1986年，《弘一大师全集》编委会在泉州成立，李叔同在天津的后人及津门多位学者为之提供和搜集了珍贵的资料。

泉州、天津两地的民间工艺和表演艺术，也多有可供比较与交流的条件。1957年，天津市文化局、中国美术家协会天津分会举办各地民间剪纸展览会，全国26个地区，497幅剪纸作品参展，其中泉州刻纸老艺人李尧宝的作品构思巧妙，构图完整，给人以清新、明朗、优美的感觉，其代表作《双喜连环》《曲角花篆》《玉笔花鸟》等，都得到津门剪纸爱好者青睐。1956年以来，福建泉州木偶剧团多次到天津演出泉州提线木偶戏，如1979年在津演出神话剧《火焰山》，颇受津门观众好评，促进了两地木偶表演艺术交流。

　　笔者在天津集邮市场买到过一枚泉州开元寺镇国塔线描图案邮票，系 1994 年中国邮政发行的《中国古塔》邮票之一种。开元寺是全国重点文物保护单位，它始建于唐代，是宋元时期泉州规模最大、地位最突出的佛教寺院，其寺院经济及多元文化遗迹反映出宋元海洋贸易带给泉州的经济繁荣和文化共存特征。开元寺有镇国塔、仁寿塔两座石塔，体量宏伟，石雕精湛，是泉州的地标。开元寺也曾是弘一法师经常弘法讲学的场所，寺中现设有弘一法师纪念馆。

敦煌艺术
闪耀津城

► 1983 年发行的《世界通信年》
纪念邮票，图案为环绕地球、
手持信件的敦煌"飞天"形象

　　为进一步彰显敦煌文献的重要价值和独特魅力，天津博物馆于 2022 年 11 月至 2023 年 1 月推出了"鸣沙遗墨——天津博物馆藏敦煌文献特展"。此次展览的展品类别包含敦煌文献、玉器、青铜器、陶器、邮票、图书资料等，共计 70 余件（套）。展出一级文物 3 件，二级文物 11 件。展览分为"序·要津""遗珍""融汇""书写""人间"五个单元。在展出的 35 件敦煌文献中，有 14 件是首次展出，另有 5 件为时隔三十多年再次同观众见面。此次展览是天津地区迄今为止规模最大、内容最丰富的馆藏敦煌文献特展，津城市民争相一睹敦煌文化的迷人风采。

　　提起敦煌，人们自然会想到著名作家余秋雨的散文集《文化苦旅》，书中两篇文章《道士塔》《莫高窟》表达了对莫高窟的赞美和对王道士在文物保护方面失误的痛斥；也会想到 20 世纪

40年代初国画大师张大千到莫高窟进行实地考察，并且临摹了二百多幅壁画，后来在兰州、成都、重庆等地举办了"张大千临抚敦煌壁画展览"，名扬海内外。敦煌的历史，悠久而灿烂。"敦煌"一词最早见于《史记·大宛列传》，东汉应劭解释"敦，大也；煌，盛也"，取盛大辉煌之意。敦煌位于甘肃省西北部，历来为"丝绸之路"上的重镇，是国家历史文化名城，世界文化遗产莫高窟和汉长城边陲玉门关及阳关即坐落于此。敦煌石窟是世界上连续营造时间最长、现存规模最大、内容最丰富的佛教艺术和文化宝库。以莫高窟为代表的敦煌艺术，是世界艺术的宝库，也是民族精神的载体。敦煌石窟和敦煌藏经洞文献博大精深的内涵和无与伦比的价值，不仅受到中国学界极大重视，而且吸引众多外国学者竞相研究，遂在20世纪形成一门国际性显学"敦煌学"，在世界人文社会科学领域大放光芒，使灿烂的中华文明在全球传扬。

深处内陆的敦煌与濒临海洋的天津虽然远隔五千里，但在文化艺术上却有着紧密的联系。天津地毯世界闻名，产品中即有"敦煌式"地毯。20世纪80年代天津起士林食品厂生产的"飞天"太妃糖，糖纸上的"飞天"图案即采自敦煌壁画中的"飞天"形象，笔者存有这种糖纸的小图版和大图版。在20世纪50年代天津新中央戏院、黄河戏院等多家戏院的戏票上，也印有"飞天"图案。敦煌"飞天"就是画在敦煌石窟中的飞神，是敦煌艺术的标志。十几年前，应甘肃省酒泉市（敦煌市隶属于酒泉市）宣传文化部门邀请，笔者曾随天津市新闻文化代表团赴敦煌考察访问一周，真切地感受到敦煌与天津之间存在着很多文化渊源。

曾经在 2008 年 7 月至 10 月，由天津市精神文明建设办公室、天津市文物局、天津博物馆和敦煌研究院等单位主办的"丝路放歌　情系奥运——2008 天津敦煌艺术大展"在天津博物馆展出。此次展览展出敦煌石窟原大复制洞窟 6 个、敦煌石窟彩塑 10 尊、敦煌石窟壁画临本 50 幅、敦煌藏经洞出土文献 20 件、绢画临本 10 幅、敦煌石窟出土文物 20 件、1942 年张大千先生及弟子临摹敦煌石窟壁画原稿件 10 幅、珍贵历史文献照片 69 幅。其中大部分展品是首次与观众见面，向世人充分展示了敦煌艺术的精华。

2008 年天津敦煌艺术大展在文物选择方面有一个最大的亮点，就是尽管是从敦煌引进的外展，但却结合了天津本土的收藏特色，充分发挥了天津博物馆馆藏优势，让离开敦煌百年的珍贵文物"回归"敦煌。众所周知，20 世纪初敦煌文献惨遭劫难，直到 1909 年清政府正式下令将所剩无几的敦煌文献解送赴京，而天津由于在近代史上的特殊地位，成为散佚敦煌文献的重要集散地之一。后来几经辗转，由天津大收藏家周叔弢先生于 1981 年将家中所藏三百多卷敦煌文献全部捐献给天津市艺术博物馆（今天津博物馆），从而使天津博物馆敦煌文献的收藏成为仅次于国家图书馆和甘肃敦煌研究院的国内第三大敦煌文献收藏机构。此次展览为了完整地向观众展示藏经洞的文物价值与发现被盗的历史，天津博物馆从馆藏敦煌文献中甄选了最好的藏经洞文献进行展示。

作为中华艺术宝库中的一颗明珠，敦煌艺术也是中国邮票的重要题材。1952 年，邮电部发行了《伟大的祖国（第一组）·敦煌壁画邮票》，共四枚，分别为"狩猎·魏""供养人·唐""飞天·隋""乘虎天人·唐"。1953 年，邮电部发行《伟大的祖国（第三组）》系列特种邮票，包括敦煌石窟壁画主题邮票一套四枚。1983 年，邮电部发行《世界通信年》纪念邮票一枚，票面图案为一组环绕地球、手持信件的敦煌"飞天"形象。从 1987 年至 1996 年，邮政部门先后发行了六组敦煌石窟壁画主题系列特种邮票，均为一套四枚。2020 年，中国邮政发行了《莫高窟》特种邮票，一套四枚，小型张一枚。《莫高窟》邮票包括释迦禅定像、影塑飞天、菩萨、中心柱造像，小型张为释迦佛一尊。这套邮票的设计着力表现莫高窟厚重的历史文化韵味，达到了庄重大气、鲜明艳丽的视觉效果。

在津城看北京
"三山五园"

2023 年,"寻幽探胜——国家图书馆藏三山五园舆图及园林主题文化艺术巡展·天津站"在天津国图·津湾文创空间举办,引起津城文史爱好者关注。

中国传统上有著名的"三山五岳"之说,"三山"一般指旅游胜地黄山、庐山、雁荡山,"五岳"包括东岳泰山、西岳华山、南岳衡山、北岳恒山、中岳嵩山。至于"三山五园",则是清代北京西郊皇家园林的统称,由畅春园、圆明园、万寿山颐和园、玉泉山静明园、香山静宜园组成。

2021 年,江溶、王燕飞合著《北大燕园的前世今生》由北京大学出版社出版,随后在《天津日报》连载百余天,引起读者浓厚兴趣。今日北京大学校园燕园,即为清代"三山五园"的一部分;"三山五园"的历史遗存,在现在的北大燕园中多有体现。

《北大燕园的前世今生》一书在回望北大燕园深厚历史的同时，也清晰地讲述了"三山五园"奇异的风貌。

自辽、金以来，北京西郊即为风景名胜之区。西山以东层峦叠嶂，泉水充沛，湖泊罗列，山水映衬，历代王朝多在此地营建行宫别苑。清代"康乾盛世"，在北京西郊造园也算是"文治"的一个实绩。康熙、乾隆皇帝多次南巡，遍访江南名园，搜罗画稿，力图移江南风光于京师，遂在海淀大兴土木，积数十年之功，建成庞大的"三山五园"皇家园林区。如此大规模的园林建设，就其持续时间、面积广袤、艺术高度而言，都是空前绝后的。

"三山五园"虽然坐落在北京，但与天津有着特殊的历史渊源。1860年，在第二次鸦片战争中，英法联军焚毁了被誉为"万园之园"的圆明园，劫掠了园中大量文物，很多经过天津运往欧洲，其中有些文物和建筑构件散落在天津民间。近二十多年来，天津市文物公司、天津博物馆等单位与北京有关收藏机构合作，多次举办圆明园、颐和园文物展，在使津城观众对精美的建筑和文物一饱眼福的同时，产生深刻的历史思考，受到生动的爱国主义教育。2018年，"天津大学圆明园研究院"在天津大学建筑学院成立，实是一件很有意义的事情。

"三山五园"地区是一片承载了特殊民族记忆的风景园林文化遗产，现在是北京历史文化名城保护体系的两大重点区域之一，是西山永定河文化带与大运河文化带交汇的重要文化资源富集地。这也是"寻幽探胜——国家图书馆藏三山五园舆图及园林主题文化艺术巡展"在天津设展的意义所在。这个展览将典籍图像、数字艺术、当代山水园林创作、新媒体传播与新时代美育理想融为一体，深入挖掘古文献舆图文化艺术精髓，以古鉴今，焕活古籍里的文字和图画，让观众在互动体验中领悟中国山水精神与美学意趣。

笔者在天津集邮市场买到过多种"三山五园"中万寿山颐和园题材的邮票。颐和园是以昆明湖、万寿山为基址，以杭州西湖为蓝本，汲取江南园林的设计手法而建成的一座大型山水园林，集传统造园艺术之大成，既有皇家园林恢宏富丽的气势，又充满了自然之趣，高度体现出中国园林"虽由人作，宛自天开"的造园准则。颐和园原名"清漪园"，始建于乾隆十五年（1750），全园占地 3.08 平方千米，在 1860 年第二次鸦片战争中被英法联军烧毁，1886 年重修之后更名为"颐和园"，成为慈禧太后颐养之所和皇家消夏游乐之地。作为世界文化遗产，同时也是中国目前规模最大、保存最完整的皇家园林，颐和园曾多次登上中国邮票。

新中国成立前夕的 1949 年夏，当时的中华民国邮政总局发行了一套北平风景图银元邮票，其中包括两枚《北平颐和园》邮票，图案分别为佛香阁和铜牛。1956 年，中国人民邮政发行了一套《首都名胜》邮票，出生于天津的著名邮票设计师邵柏林在这套邮票第一枚《颐和园》图中描绘了万寿山和昆明湖的景色。1979 年，中国人民邮政发行了一套《北京风景》邮票，其中《颐和园》一枚通过昆明湖面上的佛香阁倒影与湖畔的红叶相互映衬，以更加丰富的色彩表现了颐和园的秋色。2008 年，颐和园以整套邮票形式登上中国邮票方寸舞台，六枚邮票分别描绘了十七孔桥、长廊、石舫、谐趣园、玉带桥、后湖的景色，小型张展现了佛香阁的风采。这套《颐和园》邮票采用传统工笔重彩绘画，胶雕套印工艺印制，充分表现出皇家园林的华贵与清雅。

台湾邮品上的
天津文庙

2023 年 9 月 28 日，是中国古代伟大的思想家、教育家孔子诞生 2574 年纪念日。为弘扬中华优秀传统文化，增强青少年儿童国学修养，天津文庙博物馆恢复举办秋季祭孔大典。消息一经传出，引起社会关注。《天津文庙古今谭》一书的作者罗丹，在查阅历史资料和整理藏品时发现，1995 年 9 月 28 日孔子诞生 2546 年纪念日，台湾省曾经发行过一套《大陆孔庙》纪念明信片，其中有一枚是天津文庙题材，值得欣赏和研究。

1995 年 9 月 28 日，由以收藏、研究孔子专题邮品闻名的台湾嘉友电子股份有限公司集邮社与崇圣文物邮品收藏室策划，于当日在台湾省嘉义县铁路文化中心举办为期一天的孔子文物、邮品展览，展出中国大陆和台湾省历年发行的孔子、孔庙题材的邮票、明信片、纪念封等邮品，以及孔庙题材的门券、奖券、金银币钞、电话磁卡等。展览会的一项主要活动，就是举行《大陆孔庙》纪念明信片首发式。

《大陆孔庙》纪念明信片采用台湾省邮政部门1995年版"祥禽瑞兽"普通邮资明信片彩色加印而成，全套八枚，风格典雅，印刷考究。设计者是台湾著名孔子专题集邮家孔令鑫。《大陆孔庙》纪念明信片上的图像，取自中国大陆南北东西九处较有代表性的孔庙（文庙）建筑。其中第七枚是天津文庙大成殿，照片由当地邮人储菊史提供。这是天津市内现存古建筑首次被搬上台湾邮品。

"大成"语出《孟子·万章下》"孔子之谓集大成"，意为孔子将古今圣贤的优秀思想集合在一起，达到了十分丰富和完备的程度。这是对孔子本人及孔子思想的高度赞誉。类似太和殿在紫禁城中的地位，大成殿是孔庙（文庙）的核心建筑，亦是祭孔活动的中心场所。大成殿在唐代称文宣王殿，北宋崇宁三年（1104），宋徽宗将曲阜孔庙主殿更名为大成殿，并亲书匾额。北宋政和四年（1114），宋徽宗颁定天下孔庙正殿均称大成殿。曲阜孔庙大成殿在历史上多次重建大修，清代雍正年间皇帝恩准殿顶使用黄琉璃瓦并御题匾额，其规格开始与皇宫等同。

台湾省发行的《大陆孔庙》纪念明信片所反映的天津府庙大成殿，是天津文庙早期建筑，建于明代正统十二年（1447）。大成殿面阔七间，进深三间，青砖九脊歇山顶覆黄琉璃瓦。其中正吻和垂脊交界处设吞脊兽，为天津地方古建特色。作为天津文庙中体量最大的建筑，府庙大成殿在整个建筑群中十分显眼。

大成殿内正中神台上祀奉孔子塑像，左右从祀孟子等"四配"，"四配"后方为闵子等"十二哲"。大成殿顶梁悬挂清代九位皇帝题写的"万世师表"等匾额。大成殿斗拱交错，雕梁画栋，规模宏大，内涵丰富，是文庙中最能体现孔子成就和地位的建筑。天津文庙大成殿是我国北方同类建筑艺术的代表，所以被台湾省发行的《大陆孔庙》纪念明信片设计者选中。

天津文庙是天津市区规模最大、级别最高且保存完好的古建筑群，1954 年成为第一批市级文物保护单位，而且序号排在第一位。天津文庙也是世界上现存唯一一座府庙（学）与县庙（学）并存的孔庙（学宫）建筑群，有"中华双学第一庙"之美誉。天津文庙博物馆正门上方"文庙"匾额由孔子第七十七代孙、末代衍圣公孔德成题写，东侧"天津文庙博物馆"牌匾由孔德成胞姐、中国孔子基金会副会长孔德懋题写，由这两位著名的孔子后人一同题匾的文庙，在全世界仅此一座。目前各地已有 117 座文庙（孔庙）被列为全国重点文物保护单位，天津文庙理应尽快获得全国文保单位的资格。1995 年台湾省发行的《大陆孔庙》纪念明信片将天津文庙列为祖国大陆九处较有代表性的孔庙（文庙）建筑之一，也是对天津文庙重要地位的认可与支持。

笔者在天津集邮市场买到过一套《孔庙、孔府、孔林》特种邮票，系 2010 年由中国邮政发行的。这套邮票共三枚，其中"孔庙"一枚的图案是曲阜孔庙大成殿正面外景和孔子行教像，并有《论语》中的经典语句隐印其中。此外，笔者还收藏有越南、韩国发行的反映当地文庙（孔庙）题材的邮票。

周总理牵手
天津神户结友城

▶ 日本发行的神户市王子
动物园大熊猫邮票

　　2023 年 6 月 24 日，是天津市与日本神户市结为友好城市关系 50 周年纪念日。1973 年 6 月 24 日，在周恩来总理的亲切关怀下，天津与神户结为中外第一对友好城市，开创了新中国成立之后中国与外国城市结好之先河。天津与神户结为中日第一对友好城市，也是在 1972 年 9 月中日两国实现邦交正常化、揭开两国关系新篇章的背景下，开启了中日地方政府间相互交往与合作的历史。2023 年 1 月 18 日，天津与神户两市领导在神户市政府会面，双方就以两市结为友好城市关系 50 周年为契机，持续深化各领域友好交流与务实合作深入交换意见。天津市领导希望两市深化港口、健康医疗、新能源等领域合作，夯实人文交流，携手开启友城合作的新篇章。神户市领导高度评价 50 年来两市交流合作取得的成效，还提到在新冠疫情期间双方互赠防疫物资，用实际行动体现了友城间守望相助的友好情谊，并代表神户市民向天津的积极支援表示感谢。

天津与神户皆为各自国家的重要工业港口城市，地位相似，两市结为友好城市关系，不仅在当年，即使在半个世纪后的今天看，也是"门当户对"。天津是中国首都北京的门户，是中国第三大城市，又是中国北方最大的工业基地和经济中心。天津港是中国最大的人工港，拥有中国最大的集装箱码头。神户是日本重要的港口城市，又是日本的工业基地和旅游城市，是阪神经济圈的西部核心和濑户内海经济圈的东部核心。神户港是著名的国际大港，与美国西雅图港、荷兰鹿特丹港等结为友好港。

20世纪70年代初期，长期坚持对华友好的日本神户市市长宫崎辰雄率日本日中友好青少年游泳访华团于1972年9月下旬来中国进行友谊比赛。10月11日晚上，周恩来总理在北京体育馆观看中日青少年游泳运动员的友谊比赛，休息时，亲切会见了宫崎辰雄市长。宫崎市长提出："神户港常有中国船停泊，我想在岸上找个地方，使中国船员可以上岸住宿或休息。"由此，周总理深情地回忆起往事："天津港也有相当多的日本船来，也有船到日本去。我在1919年离开日本就是经神户到天津的，已经53年了。"他接着说，可以商量一下双方怎么合作好一些。宫崎市长希望神户与上海或天津结为姐妹城市。周总理询问了神户的一些情况后，示意神户可与天津结为友好城市。会见后，周总理对中日友协会长廖承志说，"姐妹城市"这种称呼可以改一下，不如叫"友好城市"，更能体现城市间的平等。此后，廖承志会长与宫崎辰雄市长又进行了具体磋商。1973 年 5 月 2 日，廖承志率中日友协代表团访问日本，作为一份"友好的礼物"，在神户市举行的招待会上宣布，天津市已接受神户市的友好建议，决定与神户市建立友好城市关系。1973 年 6 月 23 日，宫崎辰雄市长率神户市访津友好代表团来天津访问。6 月 24 日，在天津市人民礼堂举行的大会上，双方郑重宣布，自 1973 年 6 月 24 日起，中国天津市和日本神户市正式结为友好城市关系。双方共同表示，要为中日两国人民世代友好和发展天津神户两市的友好合作关系而共同努力。

天津市政府外事办公室原主任耿建华先生从事外事工作 38 年，亲身参与和见证这一历史事件，他曾经对笔者感慨道："周总理作为一个世界大国的总理，肩负重担，日理万机，还十分关心天津与神户的友好关系。他亲手架起了跨海的友谊长桥，把中国渤海之滨的天津与日本濑户内海之畔的神户紧紧地联系在一起，为中日两国民间交往谱写了新的一页……"

天津与神户结为友好城市关系后，在双方共同努力下，创造了很多个"第一"：天津港与神户港建立了中外第一对友好港；天津广播电台与神户关西广播电台建立了中日第一对友好电台；神户市市长宫崎辰雄成为第一位"天津市荣誉市民"；天津大熊猫蓉蓉和寨寨第一次作为友好使者参加日本神户人工岛博览会；神户市事务所在津设立，成为中国第一个外国地方办事机构；天津水上公园建成中国第一个外国庭院"神户园"……

笔者集存日本邮票数千种，侧重收藏反映中日关系的邮票。

曾在天津集邮市场买到过日本2001年发行的兵库县地方邮票两枚，第一枚图案即为兵库县首府神户市王子动物园的大熊猫。观赏这枚邮票，不禁令人回忆起天津与神户之间的"熊猫友谊"：1981年神户在筹办海上人工岛国际博览会时，首先想到的就是向天津借大熊猫展出。在天津市多方面努力下，国务院批准天津大熊猫赴神户进行为期半年的"访问"展出。天津大熊猫蓉蓉和寨寨成了博览会的明星，轰动了神户，吸引了包括日本皇室成员在内的上千万人参观，在日本掀起了风靡一时的"熊猫热"。

英雄城市
萨拉热窝

▶ 南斯拉夫 1970 年发行的萨拉热窝解放 25 周年纪念邮票

　　2021 年，是天津市与萨拉热窝市结为友好城市关系 40 周年。萨拉热窝，是中国中老年朋友们十分熟悉的一个外国城市名称。萨拉热窝，20 世纪 80 年代曾经译为"萨拉耶沃"，当时是南斯拉夫第三大城市，也是南斯拉夫联邦波斯尼亚一黑塞哥维那社会主义共和国的首府。20 世纪 90 年代初南斯拉夫解体后，萨拉热窝成为波斯尼亚和黑塞哥维那共和国（简称波黑）的首都。1981 年 5 月 28 日，萨拉热窝成为欧洲第一个与天津结为友好城市关系的城市。

　　萨拉热窝是一座群山环抱、风景秀丽的古城，初建于 1263 年。1908 年，萨拉热窝成为奥匈帝国统治下的波斯尼亚首府。1914 年 6 月 28 日，奥匈帝国皇储斐迪南在萨拉热窝被塞尔维亚爱国者刺杀身亡，此事成为第一次世界大战的导火索。

萨拉热窝人民具有反抗外来侵略的光荣传统。第二次世界大战期间，在以铁托为首的南斯拉夫共产党的领导下，萨拉热窝人民同德、意法西斯进行了不屈不挠的斗争，终于使萨拉热窝于1945年4月6日获得了解放。20世纪70年代后期曾在中国各地上映的电影《瓦尔特保卫萨拉热窝》，生动地反映了南斯拉夫人民不畏强权的斗争精神。瓦尔特本人在战斗中冲锋陷阵，光荣地献出了自己宝贵的生命。"空气在颤抖，仿佛天空在燃烧。是啊，暴风雨来了！"这些经典台词几乎成为当年为这部影片着迷的中国观众的接头暗号，而其中的一些片段和场景，至今每每回看，都令人热血沸腾。在中国人民的心目中，瓦尔特是一位英雄的战士，萨拉热窝是一座英雄的城市。

1981年天津与萨拉热窝结为友好城市关系后，两市友好交往频繁。除两市领导人互访外，天津还在萨拉热窝举办过"天津图片展览"、中国文化日活动，放映中国电影，举办中国书画展，加深了双方的了解和友谊。1995年，中国与波黑建交。作为波黑的首都，萨拉热窝市与天津的交往开始了新的阶段。1998年，天津华夏未来少年儿童艺术团参加波黑萨拉热窝之冬艺术节，取得圆满成功。波黑总统亲自接见了这些和平小使者。2001年，萨拉热窝市市长率代表团访问天津，两市就进一步在经济、贸易、文化、教育等方面加强交流达成协议，双方的交往从此打开了一个新的局面。

笔者在天津集邮市场买到过一枚南斯拉夫1970年发行的萨拉热窝解放25周年纪念邮票，上面印有萨拉热窝城徽

"1945—1970" 字样。

世界各国发行的关于萨拉热窝的邮票，最多的还是 1984 年第 14 届冬奥会在该市举行的场景。萨拉热窝位于狄那里克阿尔卑斯山脉，属于温暖的大陆性气候，山上雪期长达五个月，是举办冬奥会的理想之地。1984 年 2 月 8 日下午，萨拉热窝的科舍沃体育场在飞舞的雪花中迎来了第 14 届冬奥会开幕。这届冬奥会是中国运动员参加的第二次冬奥会，共 37 名选手参加了速度滑冰、花样滑冰、越野滑雪、高山滑雪、现代冬季两项等五个项目的比赛。这届冬奥会也是海峡两岸的中国选手第一次同时参加奥运会。萨拉热窝人民每年都会纪念 1984 年冬奥会，这是对永久和平的期盼，也是对战争创伤最温暖的治愈。

2022 年 2 月，中国成功举办第 24 届冬奥会，冰雪运动成为天津与萨拉热窝合作的重点领域之一。2018 年 12 月，天津越野滑雪青少年运动员抵达萨拉热窝，由该市的教练员指导，在 1984 年冬奥会的场地上开展了为期三个月的培训，为两市的友好合作书写了新的篇章。

伊兹密尔
国际博览会

2021 年，是中华人民共和国天津市与土耳其共和国伊兹密尔市结成友好城市关系 30 周年。1991 年 9 月 23 日，正在土耳其进行友好访问的天津市领导同志与伊兹密尔市市长共同签署了两市结成友好城市关系协议书。

伊兹密尔是土耳其第三大城市，位于安纳托利亚高原西端的爱琴海边，系土耳其重要的工业、商业、外贸、海运中心之一，也是历史文化名城、旅游胜地和军事要塞。伊兹密尔古称士麦那，距今已有五千余年历史。公元前 1000 年，伊兹密尔进入第一个鼎盛期，古希腊著名诗人荷马定居于此。公元前 4 世纪，马其顿帝国亚历山大大帝打败波斯人，占领伊兹密尔，下令在帕哥斯山（今伊兹密尔市卡迪菲卡莱区）附近地区重建新城，伊兹密尔进入第二个全盛期。该城以财富、美景、图书馆、商贸市场、医学研究等闻名,引得亚历山大大帝数次来该城巡视。公元4世纪,拜占庭帝国统治伊兹密尔,城区继续扩大。15世纪,伊兹密尔置于奥斯曼帝国统治之下,直至第一次世界大战后奥斯曼帝国覆灭。

在土耳其历史上,伊兹密尔是一座英雄的城市。第一次世界大战期间,根据协约国诸强间达成的交易,决定由希腊军队对伊兹密尔实施占领,英国海军提供支援。伊兹密尔市的知识分子和市民在爱国激情驱使下,决心以血肉之躯来保卫自己的城市。1919年5月15日,希腊军队占领了伊兹密尔。青年记者哈桑·塔赫辛勇敢地向占领军开了第一枪。1922年9月9日,现代土耳其共和国缔造者穆斯塔法·凯末尔指挥的军队解放了伊兹密尔,这座城市回到了土耳其共和国的怀抱。

伊兹密尔市在世界上最具知名度的,是历史悠久的伊兹密尔国际博览会。依托优越的经贸条件和独特的旅游资源,伊兹密尔市政府每年8月底至9月初举办大型国际博览会,几乎每年都吸引数十个国家参加。1971年,中华人民共和国与土耳其共和国建交;1973年举办的第42届伊兹密尔国际博览会,中华人民共和国应邀第一次参加。早在天津与伊兹密尔结成友好城市关系之前的1990年,天津市贸促会组织的天津展销团首次参加伊兹密尔第59届国际博览会,成交额594万美元。其中自行车、山地车、运动车成交额101万美元,空调器成交额178万美元,全棉文化衫成交额102万美元,牛仔布成交额100万美元。

笔者在天津集邮市场买到过一枚土耳其1943年发行的伊兹

密尔国际博览会纪念邮票，上面印有博览会场馆及参加展会的各国国旗。土耳其在很多年份都发行过伊兹密尔国际博览会纪念邮票。

天津与伊兹密尔结成友好城市关系30年来，各方面合作不断加强。1991年10月，伊兹密尔市医疗卫生代表团到天津访问，就两市间传统医学合作项目的执行事宜与天津有关方面进行磋商。该项目是天津市与伊兹密尔市结成友好城市关系后的第一个合作项目。根据协议，天津每年派五人小组赴土耳其讲学、工作，同时接收土耳其医生到天津学习针灸。1992年3月，天津市和伊兹密尔市中医研修班在天津市中医学院第二附属医院举行结业典礼，伊兹密尔市市立医院派到天津进修中医的四名医务人员经过四个半月的学习圆满结业，获得中医科专科结业证书。2006年11月，天津保税区与伊兹密尔爱琴海保税区建立友好区域的协议在天津签订。2019年12月，当"'一带一路'友城行"天津记者团到伊兹密尔采访时，看到该市政府一楼大厅立着一根柱子，上面像蝴蝶一样挂着伊兹密尔在全球各地的友城的名字。其中，鲜艳的五星红旗旁，"天津：7455km"几个字十分醒目。这是天津与伊兹密尔的直线距离。远隔万水千山，却又近在咫尺之间，真使人有宾至如归的感受。

草原友城
乌兰巴托

► 蒙古国发行的蒙中建交
70 周年纪念邮票

　　2022 年 11 月 27 日至 28 日，蒙古国总统乌赫那·呼日勒苏赫应邀对中华人民共和国进行国事访问，中蒙领导人就两国关系及共同关心的国际地区问题全面深入交换意见，达成广泛重要共识。在双方签署的《中华人民共和国和蒙古国关于新时代推进全面战略伙伴关系的联合声明》提到的 16 项双边合作文件中，包括《中华人民共和国天津市与蒙古国乌兰巴托市关于进一步加强友好城市关系的备忘录》。而 2022 年恰好是天津与乌兰巴托结为友好城市关系 30 周年。

　　乌兰巴托是蒙古国的首都，建于草原之上，坐落在蒙古高原中北部，肯特山南端，鄂尔浑河支流图拉河畔，海拔 1351 米。乌兰巴托始建于明代崇祯十二年（1639），原为蒙古喀尔喀部最大的活佛哲布尊丹巴呼图克图驻锡地，时称"敖尔告"，为"宫殿"

之意。但当时的敖尔告是在草原上移动的场所，位置并不固定。乾隆四十三年（1778），皇帝降旨让哲布尊丹巴在从北京到恰克图商路上的驻地设立城防，取名"库伦"，意为栅栏围起来的草场。清代中后期库伦属于乌里雅苏台库伦办事大臣辖区，为土谢图汗部中旗驻地。库伦逐渐成为漠北地区最大的城市和商业、宗教中心。1906 年改称"大库伦"。1924 年，蒙古人民共和国建立，该市改名为"乌兰巴托"，意为"红色英雄城"，并以其为首都。1992 年蒙古人民共和国改称蒙古国，乌兰巴托成为蒙古国首都。

乌兰巴托是蒙古国第一大城市，常住人口百余万人，其中70% 的人口是 30 岁以下的年轻人，有"世界上最年轻的城市"之称。乌兰巴托是蒙古国政治、经济和文化中心。城市附近的矿产资源主要是煤。全国大部分工厂企业设在这里，工业以轻工业、建筑材料、金属材料和食品工业为主。随着基础设施的建设，重工业亦有所发展。该市工业总产值约占全国工业总产值的一半以上。乌兰巴托市地毯厂生产的纯羊毛地毯曾多次获得莱比锡国际博览会奖牌。此外，裘皮服装、山羊绒和驼绒制品也是该市主要的出口创汇产品。乌兰巴托是蒙古国的交通运输中心，以铁路、公路为主，空运为辅，构成了四通八达的交通网。北京—莫斯科铁路干线经过该市，贯穿蒙古国南北，不仅在蒙古国经济建设中发挥着巨大作用，而且是连接中、蒙、俄三国并继续延伸的"亚欧大陆桥"的重要组成部分。

天津与乌兰巴托有着特殊的地缘关系和历史联系。天津是地处欧亚大陆深处的乌兰巴托最近的出海口，乌兰巴托乃至蒙古国的海运货物都经由天津港进出口。1992 年 9 月 27 日，乌兰巴托市副市长巴桑扎布率乌兰巴托市政府代表团访问天津期间，与时任天津市市长聂璧初出席了《中华人民共和国天津市与蒙古国乌兰巴托市结为友好城市关系协议书》签字仪式。

　　天津与乌兰巴托结为友城后，在政治、经济、文化等领域的交流更加频繁。2009 年，天津与蒙古国有关部门签署深化经贸合作备忘录，分别成立经贸合作工作组，在政府、企业层面进行深入合作，助推双方在石油加工、物流运输、食品交易等领域进行广泛合作。2010 年，天津—呼和浩特—乌兰巴托国际航线通航。中、蒙两国山水相连，互邻互信，天津、乌兰巴托两市关系友好，遥相呼应，国际航线的开航是双方深厚友谊的有力见证。2017 年，天津交响乐团赴乌兰巴托举办"欢乐春节"专场演出。两市还曾多次举办文艺演出、非遗项目展览、摄影图片展览等活动，构筑起双方互动的文化纽带，也为两地人民架起友谊的桥梁。2019 年 10 月 28 日，"天津—乌兰巴托友城文化周"开幕式专场文艺演出在天津大礼堂举行。乌兰巴托的艺术家们带来了呼麦、长调歌曲、舞蹈等具有蒙古国特色的节目，令人如同置身辽阔的草原，感受壮丽的风光。天津优秀青年京剧演员、著名歌手用精彩纷呈的文艺演出传递友好情谊。同年 12 月 15 日，天津直飞乌兰巴托航线开通，对于进一步打开蒙古国对外开放局面，共创中蒙友谊新格局，具有重要意义。2020 年 5 月 20 日，X9202 次中欧班列（天津—乌兰巴托）在中铁天津集装箱中心站发车，编组 54 辆全部是国际联运的集装箱,满载汽车、配件、食品、服装等货物发往蒙古国。该趟班列从中心站出发后,沿中欧班列中通道从二连浩特口岸出境转蒙古国扎门乌德至乌兰巴托,全程1583 公里,运行时速最高为 120 公里 / 小时,班列全程运行五天左右,后续每日开行一列,为助力企业复工复产、推进"一带一路"建设、打赢蓝天保卫战提供了新动能。

蒙古国邮票草原题材突出,艺术特色鲜明,具有较高的欣赏价值和收藏价值。笔者在天津集邮市场买到过数百种蒙古国历年发行的邮票,包括蒙中建交 70 周年纪念邮票。2019 年 10 月16 日是中华人民共和国和蒙古国建立外交关系 70 周年纪念日,蒙古国邮电总公司当日在国家宫举行了庆祝蒙中建交 70 周年主题纪念封和邮票发行仪式。此次蒙古邮电总公司发行的纪念封和邮票,以身着蒙中传统服装的两国儿童为主角,标注两国语言,体现了蒙中两国以建交 70 周年为新起点携手迈向未来的美好寓意。

黄金之路
通津川

2023 年是天津市与韩国仁川市结为友好城市关系 30 周年。天津市领导会见来津参加 2023 年夏季达沃斯论坛的仁川市市长刘正福一行。双方希望两市以缔结友好城市关系 30 周年为新起点，加强民间往来，密切人文交流，深化港口航运、经贸投资、教育旅游等领域合作，实现互利共赢、更好发展。两市签署了缔结友好城市关系 30 周年宣言书。"天津市与仁川市签署缔结友好城市关系 30 周年" 文艺演出在津举行。

仁川是韩国首都首尔的门户，是韩国重要的工业城市和港口城市。天津与仁川的历史情况、地理位置和经济地位极为相似，津、川两市结为友城关系，亦属 "门当户对"。

在与天津结为友城关系的外国城市中，韩国仁川相距较近，从天津港到仁川港约 430 海里，两市之间具有明显的海上运输优势。这种海运优势,也促进了津、川两市友好关系的发展。

早在中韩两国建交(1992 年)、天津与仁川结为友好城市关系(1993 年)之前,天津与仁川之间便于 1991 年开通了客货班轮定期航线。天津海运公司与韩国大亚海洋株式会社合资成立津川国际客货航运有限公司,名为"天仁号"的一艘 9000 吨级轮船,每五天一个航班,被誉为"在海上铺设的一条黄金之路",对双方的经济贸易、旅游观光、探亲访友,发挥了桥梁作用。

1993 年 12 月 7 日上午,天津市与仁川市建立友好城市关系协议书签字仪式在仁川市政府会议厅隆重举行。当天下午,天津市政府代表团参观了仁川港,慰问了津川国际客货航运有限公司的工作人员。津川国际客货航运有限公司成立两年间,"天仁号"航行近 130 个航次,运载进出境旅客近 8 万人次,其中从天津进境旅客 42000 人次,出境旅客 37000 人次。天仁轮的货物运输也取得了可观的效益,共运载 8300 个标准集装箱,其中从天津进出口的近 4100 个。

2005 年 4 月 10 日清晨,"每日新报号"轮船扬帆启航,从天津驶往仁川。由《每日新报》读者组成的旅行团有 129 人,人数在全国赴韩观光团中创下历史纪录。这次出访韩国大型交流活动,是《每日新报》创刊五周年系列庆祝活动的一部分。

2013 年 5 月 1 口,为纪念天津与仁川结为友好城市关系 20 周年,"海娜号"邮轮首航仪式在天津东疆保税港国际邮轮母港举行。"海娜号"邮轮是大型豪华邮轮,最大载客量 1965 名。当天"海娜号"满载着 1900 名游客从天津首次启航,到仁川旅游观光。

海运之外，空运也是架设在天津与仁川之间的一条黄金之路。1994年12月24日天津机场与仁川机场正式通航，使两市的往来更加便利，进一步密切了两市的关系，两市开展了全方位的交流与合作。随着两市友好交流合作关系的全面发展，通过仁川这个交流窗口，使更多的韩国企业了解天津，极大地促进了双方的经贸合作。近30年来，总体来说，韩资企业在天津对外开放格局中的地位日益提高，在天津经济发展中的作用也越来越大。

笔者曾在天津集邮市场买到过一枚韩国2001年发行的仁川国际机场通航纪念邮票。仁川国际机场位于韩国仁川广域市中区永宗岛，东距仁川广域市中心23.5千米，东北距首尔特别市中心49千米，为4F级国际机场、大型国际枢纽机场。2019年，仁川国际机场共完成旅客吞吐量7116.9722万人次、货邮吞吐量3765648.8吨、飞机起降40.4104万架次，均在韩国各机场排名第一。其中，天津旅客、天津货邮、天津飞机在仁川国际机场业务量中占有相当比重。

天津与仁川的友城关系，从双方交往伊始，就呈现出高层次、宽领域、全方位的发展格局。30年来，经过双方的共同努力，两市的友好关系朝着积极、有序、合作卓有成效的方向发展。天津与仁川的友好交往，一定会像这条在海、空铺架的黄金之路一样，越走越通达，越走越宽广。

中国邮坛上的
天津名人

邮坛巨人
袁克文

► 红印花加盖小字当壹元邮票

　　袁克文是位名士，兼有多重身份。他虽不是专门的集邮家，却是天津集邮界最早的名人。天津是近代袁氏家族的大本营，袁克文在天津上学，后来又长期居住在天津，最终病逝于天津，安葬在天津，因此天津的文人和百姓都很熟悉他，喜欢称其为"袁寒云"。

　　袁克文是袁世凯的次子，难得的是他对父亲袁世凯、兄长袁克定那套权谋十分反感，他不问政治而喜爱艺文。关于"民国四大公子"，曾有不同的说法，其中一种说法是袁克文、张伯驹、张学良和溥侗。袁克文是个风流才子，还做过青帮的"老头子"。然而更引人注目的，他是一位大收藏家，以收藏宋元古籍而闻名，兼及书画、碑帖、印章、铜镜、玉器、古泉、金币和珍邮，撰有《泉简》《古币逸志》《世界古金币隅录》等。他还是一位京昆名票,曾与梅兰芳合演过《洛神》,与欧阳予倩合演过《审头》,与俞振飞合演过《群英会》,寓居天津时曾倡组"同咏昆曲社",写过很多谈戏的文章。他还擅长赋诗填词,为"宣南七子"之一,在天津与词人张伯驹等往还唱和,有《洹上词》《寒云诗集》行世。他的名句"绝怜高处多风雨,莫到琼楼最上层",被认为是对袁世凯称帝的劝谏。袁克文在书法方面造诣也很高,他的字写得雄健多姿,尤其是他所作大字对联,更显得笔墨淋漓,气势磅礴。作家郑逸梅回忆说,袁克文写字可以不置桌案,"悬空写在薄薄的宣纸上,竟不穿破",十分佩服他的功夫。可惜的是,这样多才多艺、才华横溢的人,却只活了 41 岁。值得一提的是,袁克文的三子袁家骝后来成为美籍著名物理学家,袁家骝的夫人吴健雄也是著名的物理学家。袁克文声名显赫,靠的不是"官二代",而是真才实学,这对后代产生了有益的影响。

袁克文集邮,起初是以低价买进一批外邮杂票,其目的是熟悉外国国名,以便收集外国钱币。后来他真正喜欢上了集邮,与晚清重臣周馥的长孙、"邮票大王"周今觉,以及邮商兼邮票鉴赏家陈复祥等,"凭函札多所商榷"。20 世纪 20 年代袁克文撰写的集邮随笔,博得时任中华邮票会会长周今觉的赏识。周今觉特在其文末写了后记:"寒云姻丈,博学多通,鉴古有识,所藏泉货、玺印,美尽东南……兹又究心邮学,加入本会为会员,并迭次惠书寄稿,殷殷不倦……此为文谈邮之处女作,所造已渊懿若是;他日源源而来,金玉琳琅,定为本会生色不少……"周今觉对袁克文的集邮风格,甚为惊叹:"余于其初集邮时，即预料其不过一二年之兴致。然当其热度紧张时，则锐不可当，其出价之高，竞争之猛，几有竭泽而渔之势，虽区区亦退避三舍。当民国十三四年之交，沪上邮市空气蓬勃直上者，寒云之力也。"这里也透露出一个重要信息：袁克文一出手，当地邮市价格即暴涨。

1926年初，经天津一位邮商介绍，袁克文以一千余银元的价格，从外国人手里购得一套"临时中立"邮票，引起集邮界注目。此外，他还购得龙票阔边新全套、万寿再版票全套、红印花当伍元整、倒盖和孤品红印花小字当壹元旧票，以及"民国四宝"等珍罕邮品。大量珍邮的拥有，使袁克文一跃而成为当时的邮坛巨人。

袁克文对邮票十分痴迷，每遇邮票珍品，"不吝厚值相争，必得之方快"。兴之所至，他还在报刊上登发征邮广告。在1926年9月1日出版的著名邮刊《邮乘》上，登有一则袁克文的征邮广告："袁寒云征求，如有以世界邮票图样之明信片全份见证，当酬以现金及鄙人书画之件。又收买各种华邮，通信接洽。天津地纬路六号袁寒云启。"他还在《晶报》刊出易物广告，以自己的书画作品交换珍稀藏品："凡读本报者，不必现金易书画，只以下列各品相易可也。"其中第一项需求，即是"邮票奇品"。更有甚者，袁克文竟然"挪用公款"来收购邮票。1927年，军阀张宗昌委派袁克文携三万银元到上海办一份报纸，没想到袁克文拿着这笔钱在上海大肆搜罗起名贵邮票来。很快，红印花加盖小字当壹元旧票等珍品皆被他纳入囊中。张宗昌得知后，要问罪于他，而袁克文却一走了之，回到天津了。

　　作为文化大家，袁克文收藏与研究并举。在邮学方面，他著有《说邮》《邮券杂话》等，可谓"搜罗之广博，考证之精审，皆足自成一系统"。他的《说邮》，"文凡五十余则"，被著名邮学家公孙柳（刘忠良）誉为"为邮文之最古雅者"。1987 年，北京燕山出版社出版了马骏昌选编的《集邮回忆录》，其中收录了袁克文的《说邮》全文。遗存于世的《寒云日记》，有江苏广陵古籍刻印社 1998 年影印本，仅印 500 册，是袁克文丙寅（1926）、丁卯（1927）两年的日记，记载了他与天津、上海等地一些著名钱币收藏家和集邮家的交往，史料十分珍贵。后来，《寒云日记》被标点排印，收入天津古籍出版社出版的《袁克文集》中。

施秉章
与《邮票丛谈》

　　1932 年 8 月至 10 月，在天津《大公报》的"本市附刊"上
发表了一组名为《邮票丛谈》的专栏文章，引起读者关注。这组
文章的作者是民国时期活跃在京津地区的著名邮商、集邮家施
秉章。

　　施秉章（1904—1970）字述函，福建长乐人。在福州初中毕
业后随父到北京，由集邮而业邮。起初参加外国邮会，1926 年自
主成立北平邮票交换会，中外会员达二百余人，多为当时集邮界
名流。1927 年，施秉章在北京宣武门外骡马市大街开设环球邮
票社，初创时声势显赫，包装邮品的纸袋及所附邮票目录都非常
讲究。施秉章用中国邮票换回大量外国邮票，供应给初涉集邮
者。环球邮票社兼营通信批发，天津、上海等地都有邮商向其批
购邮品。1928 年 3 月，施秉章曾向北洋政府交通部次长常荫槐

提供各国元首就职纪念邮票,供邮政总局设计《陆海军大元帅就职纪念邮票》参考,并提出设计意见。这是中国邮商首次参与邮票设计,由此曾受到邮政总局奖励。1933年4月,施秉章还编辑过一期《邮票画刊》,以环球邮票社名义出版。1937年初,日本侵略势力日益嚣张,北平邮市愈加萧条,施秉章遂将环球邮票社迁到天津,在法租界天祥市场楼下租赁摊位营业,尽力为集邮爱好者服务,受到天津集邮界称赞。1939年8月,天津洪水成灾,环球邮票社门市被淹,10月又遭盗窃,几经打击,元气大伤,施秉章被迫返回北平,此后生意一直不佳。1948年6月,北平邮票会成立,施秉章当选为监事。

身为邮商和集邮家,施秉章在天津《大公报》刊发的《邮票丛谈》专栏文章中,向世人宣传集邮的重要意义。他介绍说,英国国王、德国总统都十分重视集邮的社会价值。美国总统胡佛不仅在广播电台畅谈集邮的乐趣,而且下令全国学校予以提倡。当时美国至少有150万集邮爱好者。此外,英国国王乔治五世、英国首相张伯伦、意大利首相墨索里尼,以及意大利王后、瑞典王储、西班牙总统、埃及国王、巴西总统等,都是知名集邮家。施秉章指出:"现在我国较高尚的青年,大约除看电影、跳舞、拍照而外,最重要的消遣法也就是保存、搜集邮票。这个嗜好,可以说是在各种嗜好中最饶有兴趣的一种。"

《邮票丛谈》专栏文章,体现了施秉章丰富的邮识。如他介绍航空邮票:"现在欧美各国除了海陆军尽力扩充以外,无时无刻不在航空上注意。可是表面上扩充空军势必引起列强的非议,所以变相地提倡民用航空。因为航空事业的发达，都备有一种专供航空邮件用的航空邮票。我们若是仔细在各国航空邮票上观察，便可以知道世界未来的战争将在空中爆发。更看各种的图案，我们可以知道飞机的种类有单叶机、双叶机、水面机、水陆两用机、航空母舰、大飞船，更有追击机、爆炸机等，真是五光十色。"施秉章介绍，世界上至少有数百万集邮爱好者喜欢搜集航空邮票，他们分为两派，一派是专门搜集航空邮票，一派是专门搜集各国航空第一次飞行的信封，分门别类，精装起来。"第一次飞行信封，除原有邮票以外，尚有加盖特别邮戳。此等市价大概比航空邮票超出数倍以至数十倍"。施秉章所说的"第一次飞行信封"，就是后来在集邮界形成术语的"首航封"，但它们在20世纪30年代初尚属新鲜邮品。

通读下来，施秉章的《邮票丛谈》专栏就像一部集邮小百科，不仅知识性强，而且非常实用。如他介绍当时世界上有三个国家和地区——利比里亚、比属刚果（今刚果民主共和国）、英属北婆罗洲（今马来西亚的沙巴州）——不断发行各种奇美的动植物邮票，值得收藏。这对今天的集邮家来说，仍不失为一个有价值的提示。集邮家们发现，利比里亚1892年发行的大象图案邮票，就是世界上最早的大象邮票。

除在天津《大公报》发表《邮票丛谈》专栏文章外，施秉章还研制过一种煤气中毒的急救和预防药粉，1933年曾在天津《大公报》上宣传推广。外埠读者可函索此药，但施秉章有一个要求——"须附邮票五分"。

享誉世界的
大集邮家林崧

► 林崧所藏 1935 年中华苏维埃邮政红军战士图半分邮票

　　1994 年的一天，住在天津市和平区五大道的时年 90 岁高龄的著名集邮家林崧先生，欣喜地收到了一版美国 1993 年发行的印有中文"鸡年"二字的邮票。在这版邮票上，还有它的设计者、美籍华人李健文的亲笔题名。林崧收到这版邮票后，爱不释手，嘴里不停地用英语说着："漂亮！漂亮！"林崧先生不仅是全国著名的妇产科专家，而且他的邮品收藏在世界上也很有影响。远在太平洋彼岸的李健文先生对林崧这位活跃在邮坛半个多世纪的宿将，特别是对他在邮品收藏方面的痴情，也是由衷地佩服，特意委托来津讲学的美国教授麦克尔先生带给林崧一版自己设计的美国鸡年生肖邮票，以示敬意。

　　1994 年林崧先生 90 岁寿辰时，20 世纪 50 年代被国家卫生部授予的天津市 10 位一级教授中，他已是唯一健在的。林崧主编的医学巨著《妇产科病理学》，推动了中国妇产科病理学的发展，在国内外医学界享有盛誉。在他六十余年的从医生涯中，实施了很多高难度的妇产科大手术，挽救了无数患者的生命。同时，受卫生部委托，他先后在天津市第一中心医院举办了多届全国妇产科病理学进修班，为国家培养了一大批妇产科病理学人才，其中绝大多数已成为当地妇产科病理学专家或技术骨干。

林崧做妇产医生，有很多佳话广为流传。在他的家中，有两件珍贵的纪念品，一件是张学良夫人于凤至赠送的银盾，一件是黎元洪儿媳赠送的古瓷花瓶。林崧早年在北京协和医院工作的时候，于凤至患了子宫外孕症，由一位美国大夫为她动了手术，林崧担任第一助手，手术成功。手术后由林崧负责全部治疗，直至最后痊愈。于凤至非常感激，送给林崧一座银盾和一块手表，留作纪念。20世纪40年代初，在天津恩光医院，黎元洪的儿媳、民国海军总长刘冠雄的女儿生孩子，由林崧接生，经过一番努力，母女平安。她家以古瓷花瓶作为赠礼，以表谢忱。

在天津集邮界，林崧的名望与他在医务界一样为人所敬重。"我的集邮生活，是从1936年开始的。"林崧在回顾他的集邮经历时说，"我毕业于北京协和医学院，又在那个医院工作了四年。1936年，我随同老师谢和平教授出国考察。我们乘坐的一艘货船，每停泊在一个港门，老师总是利用别人上岸游逛的时间去收集当地的邮票。他的这种嗜好，也感染了我。从那时候起，我也悄悄地开始集邮了。"当然，在以后的几十年岁月里，他不再是"悄悄地"，而是几乎把全部的业余时间和精力都用在了集邮上。

功夫不负有心人，林崧成为公认的 20 世纪后半叶中国最有实力、最有影响的大集邮家。

20 世纪 80 年代，是中国集邮的繁荣时期。1983 年 7 月，天津市首届集邮展览评比揭晓，林崧等 19 名集邮爱好者获奖。同年 12 月，天津市集邮协会向参加在北京举办的全国首届邮展的获奖者颁发了奖章和奖品，其中林崧参展的《中国人民革命战争时期（华北区）邮票》获得全国邮展金质奖章。1984 年 5 月，林崧获得西班牙马德里国际邮展大银奖，媒体报道说他是"我国私人展品首次获国际邮展大银奖的人"。1985 年 10 月，林崧的《中国人民革命战争时期华东区邮票》在全国区票展览中获得金奖。同年 11 月，在意大利罗马举办的国际集邮展览会上，林崧的《中国人民革命战争时期华北解放区邮票》获得大银奖。此后，林崧的邮集又多次在国际邮展中获得大银奖、大镀金奖。

林崧收藏的邮品，纵贯中国近代以来各个历史时期，横跨世界各国，数以万计，其中最为经典、最有价值的还是解放区邮票。例如他所藏 1935 年中华苏维埃邮政红军战士图半分邮票，存世仅见此一枚，是极具历史价值的珍贵的革命文物。

1999 年 8 月，在北京举办的"中国 1999 世界集邮展览"上，林崧的《华北人民邮政》邮集以 90 分的高分荣获金奖，为他的集邮生涯画上了一个完满的句号。同年 12 月 6 日，林崧先生在天津逝世，享年 95 岁。

林崧说过，一般人认为集邮的作用有四性，即艺术性、知识性、教育性和爱国性，而他认为还应加上保健性。他的观点是：

现代医学认为诗、书、画可以陶冶人的情操，锻炼人的思维，起到协调生理与心理的作用。邮票中也有诗、书、画，从票面看，不仅有名人诗词题字，也有书法、美术，各种各样的图画比比皆是，如果要整理出一部竞赛级的邮集来，那就更要动脑筋了。同时，在收集、整理、研究邮票时，不仅要动脑、动手，还要迈开双脚四处奔走，所以说集邮也可以使人怡悦，使人健康长寿，应该在离退休干部、老年人和病患者中大力推广。"观赏邮票寿自长！"这是作为名医的林崧先生在九十多岁时道出的一个长寿秘诀。

邮票总设计师
邵柏林

　　2023 年 2 月 8 日，中国著名邮票设计家、新中国首位邮票总设计师邵柏林先生去世，享年 93 岁。邵柏林生于 1930 年，天津人。1953 年他从中央美术学院毕业，分配到邮电部邮票发行局从事邮票设计工作，自此开启了他的邮票设计之旅。1985 年，邵柏林成为邮电部邮票发行局总设计师。邵柏林在数十年的邮票设计生涯中，共创作设计了 23 套、103 枚邮票，包括很多脍炙人口的经典之作，还培养了众多邮票设计人才，为发展中国集邮事业作出了突出贡献。

　　提起邵柏林的名字，不参与集邮的朋友可能不太熟悉；但提起中国第一枚猴票，即 1980 年发行的新中国首套生肖邮票《庚申年》猴票（俗称"80 猴票"），知道的人就太多了。时至今日，"80 猴票"仍是中国邮票设计的巅峰之作、中国集邮市场的风向标。这枚邮票早已成为众多邮迷渴望得到的珍品。"80 猴票"原画的作者是著名画家黄永玉先生，设计者即为邵柏林先生。

邵柏林与黄永玉先生有着近七十年的友谊。用邵柏林的话说是"有对彼此人格的信任，所以我们才能共同完成那枚猴票"。1979 年新年，邵柏林去看望黄永玉先生，请他画一套动物邮票。黄永玉说，何不画一套生肖邮票呢，十二年都给你们画。邵柏林觉得这是个好主意，回单位复命，生肖邮票的选题由此确定。几天后，邵柏林去取画稿，因为黄永玉宠养多年的小猴不久前刚刚去世，酷爱动物的黄先生倾注着对它的感情，画面上的猴子充满灵性，非常可爱。邵柏林深信，一枚精彩的邮票已经诞生了。黄永玉嘱托邵柏林做两件事，一是亲自为这枚邮票做后期设计，二是为该票再设计一枚首日封。邵柏林为猴票设计了特殊的印制工艺，在根据黄永玉画稿制作的雕刻版下面，他又特意绘制了一套黑色影写版衬在下面，两版套印。邮票上的猴子毛色光鲜，衬以满底红色，显得喜庆明亮，反映出改革开放刚刚起步的中国渴望腾飞的迫切心情。这两位相互理解的艺术家共同打造了这枚中国邮票史上的经典作品。这枚邮票之所以特别珍贵，除了发行量少外，更是由于艺术家思想和智慧的投入。"80 猴票"发行后获得最佳邮票设计奖，庚申年首日封获得最佳首日封设计奖。

邵柏林从事邮票设计工作近五十年，设计创作过很多大家喜爱的作品。除"80 猴票"外，《牡丹》《齐白石作品选》《唐·簪花仕女图》《曾侯乙编钟》等均获得当年最佳邮票和首日封设计奖。邵柏林兴趣广泛，造诣深厚。公众熟知的中国邮政标志、中国电信标志、中国集邮有限公司标志等，均出自他之手。2005年，他还主持设计了故宫博物院的院徽。

邵柏林认为，邮票有三大功能：一是为邮政服务，二是经济功能，三是作为文化艺术的载体。互联网像一只将财富、知识、信息资源推倒重来的巨手，它也必将影响和改变邮票的前途与命运。"但我相信邮票不会从我们的生活中消失，即使它的前两个功能都淡化了，它作为一个国家文化艺术载体的功能也永远不会泯灭——你看，两千多年前秦始皇修兵马俑，目的是为了死后仍有千军万马在保护自己，但今天，这个功能恐怕让人感到可笑，而兵马俑却被誉为古代文明第九大奇迹，让我们看到的是中华民族光辉灿烂的文明。艺术是有着不朽的生命力的。"他对邮票的发展前景保持着充分的乐观。

作为卓有成就的邮票设计家，邵柏林是天津的骄傲。他在天津出生，先后就读于天津二中、汇文中学。后来他到北京上大学、工作，但终生对故乡天津充满感情。2004年1月，《甲申年》猴票发行，邵柏林应天津集邮公司之邀来津在和平路集邮门市部为邮迷签名。他说，自己的根是天津，至今还有许多亲朋好友在天津；一到天津，立刻就有了回家的感觉。他曾说最大的心愿，就是将天津的飞速发展印在自己设计的方寸之中。

邮票设计师
王虎鸣的天津缘

▶ 王虎鸣设计的北京冬奥会
开幕纪念邮票

　　2022 年 2 月 4 日，随着北京冬奥会盛大开幕，《第 24 届冬季奥林匹克运动会开幕纪念》邮票也正式发行。笔者和天津很多喜欢集邮的朋友一样，对北京冬奥会系列邮票一直十分关注，及时收藏。2 月 5 日，邮票设计师王虎鸣与参与邮票设计的北京冬奥会和冬残奥会开闭幕式总导演张艺谋、北京冬奥组委开闭幕式工作部部长常宇、中国集邮有限公司总经理任永信，在接受媒体采访时谈了这套邮票背后的故事，引起集邮爱好者和体育爱好者的浓厚兴趣。

　　2021 年 11 月 30 日，冬奥会开幕倒计时 66 天，开幕纪念邮票初稿确定。这套纪念邮票共 2 枚，邮票图案名称为"共向未来，希望之光"。全套邮票面值 2.40 元，计划发行数量为 1150 万套。王虎鸣设计的这套邮票，整体主要采用白、蓝两色，突出冰雪盛会概念。邮票画面将冬奥会开幕式丰富、动感的视听语言转化为平面语言，通过对三维空间及时间跨度的解构与重组，在二维平面中呈现冬奥会开幕式的经典元素，体现了瞬间即永恒的设计理念。整体画面简约、精致，呈现出空灵、雅致、现代的设计感，契合本届冬奥会开幕式理念。邮票第 1 图"共向未来"以全息猫眼加激光浮雕工艺，着重呈现立体冬奥会会徽。第 2 图"希望之光"以定位全息冷烫组合多种工艺，重点体现立体的雪花台和跳动的火苗。在光源的照射下，邮票画面丰富灵动，七彩流光，现代感、科技感跃然方寸之上。

《第 24 届冬季奥林匹克运动会开幕纪念》邮票设计者王虎鸣，是天津集邮爱好者非常熟悉的一位著名邮票设计师。三十多年来，王虎鸣多次为天津市邮票公司设计首日封，并应邀来津参加邮品签售活动。天津市邮票公司也多次配合王虎鸣设计的邮票印制首日封，供集邮爱好者收藏。

王虎鸣与天津邮缘颇深，在此仅举出 20 世纪 90 年代的几次活动为例。1991 年 9 月 14 日，邮电部发行中国第一套《赈灾》特种邮票，全套 1 枚，邮票主图为一颗红色的心，并用金色线条将其勾画为两只紧握的手，象征全国人民心连心，一方有难，八方支援。此票的 1200 万元发行收入全部捐献中国国际减灾十年委员会，支援灾区恢复生产，重建家园。王虎鸣是这套邮票的设计者之一。他还为天津市邮票公司设计了首日封。1993 年 9 月 5 日，邮电部发行《龙门石窟》特种邮票 1 套 4 枚，小型张 1 枚。王虎鸣是小型张的设计者。天津市邮票公司配合这套邮票印制了首日封，以供集邮爱好者收藏。1994 年 5 月 5 日，邮电部发行《宜兴紫砂陶》特种邮票一套 4 枚。这套邮票分别选取四种经典的紫砂壶做图案，配上四枚不同内容的印章，左右配有写在中式信纸上的诗句，使画面显得古朴而灵动。王虎鸣是这套邮票的设计者之一。天津市邮票公司配合这套邮票发行首日封一枚。

1998 年是虎年，邮电部发行了取材于玩具布老虎设计的虎年生肖邮票。虎年邮票，由虎年出生、名字中又带"虎"字的王虎鸣参与设计，看似巧合，实有"定数"。王虎鸣本人则坦率地承认是"蓄谋已久"："我搞邮票设计 10 年，已经有三十多套邮票问世，但生肖票的设计却还是头一遭。大概因为自己是属虎的，我一直对设计虎年邮票怀有强烈的兴趣和欲望……"看到王虎鸣家中那些多年收集起来的各式各样的布老虎、泥老虎，可知此言不虚。为配合王虎鸣等人设计的虎年生肖邮票发行，天津市集邮公司特地印制了以虎为题材的纪念张，展现了百兽之王虎气勃发的英姿，以飨广大集邮爱好者。

2022，又逢虎年。虎年春节期间，虎年出生、名字中又带"虎"字的王虎鸣设计的《第 24 届冬季奥林匹克运动会开幕纪念》邮票正式发行，这自然又是一件非常具有纪念意义的事情。

王叔晖和
她的《西厢记》

　　元代剧作家王实甫创作的《西厢记》，表现了张生与崔莺莺在侍女红娘的帮助下冲破封建礼教的束缚和现实生活中的艰难险阻而终成眷属的故事，取得了很高的文学艺术成就。该剧流传了七百余年，早已成为家喻户晓、享誉世界的古典名著。在戏曲、曲艺、电影、电视剧及连环画、年画、磁卡、火花、烟标、年历卡、彩票等文化媒介中，都有《西厢记》的身影。1983 年 2 月 21 日，中国人民邮政发行了一套《西厢记》特种邮票，图案采用了出生在天津的著名女画家王叔晖的原作，受到社会各界好评，成为中国邮票史上的名品，同时也为《西厢记》传播史书写了精彩的一页。

　　王叔晖祖籍浙江绍兴，1912 年生于天津。受家庭熏陶，她自幼喜爱绘画。从在课堂上偷偷地为老师画像开始，她萌发了作画的浓厚兴趣，并决定了她一生所走的道路。她学习成绩也很好，还经常帮同学写作业。她在天津读了两年半小学，九岁时随家人到北京定居。王叔晖1949年参加工作，曾做过出版总署美术科员、新华书店总管理处美术室图案组组长、人民美术出版社连环画创作组组长等。王叔晖继承中国画线描的优秀传统，并吸收西画的透视解剖法，用笔精细，人物造型准确，形态逼真，细节刻画细致入微，线条犀利，设色考究，风格艳丽典雅。她所塑造的仕女形象美而不媚，清秀生动，保持了唐宋以来工笔重彩人物画的优良传统。王叔晖的代表作品，除《西厢记》外，还有《孔雀东南飞》《孟姜女》《木兰从军》《桑园会》《墨子救宋》《梁山伯与祝英台》《生死牌》《杨门女将》等，多为大众所熟知。

王叔晖的绘画生涯起步于天津，她的作品也深受天津人民喜爱。二十多年前，笔者曾在天津市文物公司艺林阁见过该店所存两件王叔晖画作，一件是《花木兰从军》，另一件是《杨贵妃出浴图》，两件作品刻画出两个性格完全不同的女性，使人感到这位女画家在中国画的传统技法上受过严格的训练，扎扎实实地下过一番真功夫，把中国画传统的美延续到今天，使工笔重彩画得以继承和发展。几十年来，天津人民美术出版社、天津杨柳青画社出版过多种王叔晖作品集，颇受美术爱好者欢迎。

长期致力于工笔画创作，是非常耗费时间和精力的，需要画家心静神定，保持充分的耐力和韧性。王叔晖甘于寂寞，喜欢清静，自己交游不多，也怕到她家串门聊天的人多，浪费时间。笔者自幼酷爱阅读连环画，至今仍然喜欢收藏和欣赏连环画，存有多种王叔晖《西厢记》连环画早期印本。20 世纪 80 年代笔者在北京上大学时，曾经想去拜访王叔晖，但有朋友向笔者转述了王叔晖的"三客"说："我家中有三种客人。第一种是'人客'，也就是贵客。他们来了，有的给我带两瓶好酒，有的带一条好烟，有的带一个点心盒，在我家坐一坐，叙几句话，彼此问问好，说不上多一会儿话就告辞，有时连茶还没有泡出味道就走了，这是一种。第二种客人叫'猫客'。为什么叫'猫客'？他们是无事不登三宝殿，不是来要画、催画、取画，就是来采访、要稿子，他们就像夜猫子一样，是专门冲着画和稿子来的，所以叫'猫客'。第三种客人叫'狗客'，我家里的'狗客'较多，都是一些小朋友。这些小朋友放学以后，到我家里来叽叽喳喳，有的帮我倒垃圾，有的帮我买菜。有时买东西剩了钱，我问剩多少，回答两块多。好，再去买点好吃的，咱们一起改善伙食。这些小朋友就七手八脚大家动手，洗菜的洗菜，炒菜的炒菜，做饭的做饭。做得了，坐在桌旁唏哩呼噜地大吃一顿；吃完了，把嘴一抹，叫一声'王姥姥，我走了'，于是呼啦一下全都跑了。这叫'姥姥家的狗，吃饱了就走'。"王叔晖是半认真半开玩笑地讲了家中来的"三客"，但在当时无意中成了一种暗示，想上门的人就要提前琢磨琢磨她这话，该不该去打搅她。无论如何，王叔晖的"三客"说实际上挡住了很多不速之客，笔者因此也完全理解和尊重她的生活习惯，放弃了拜访这位天津老乡的机会。

王叔晖终身未嫁，却画出了人世间最美的爱情。1954 年，她绘制了 16 幅彩色连环画《西厢记》；1956 年，她完成了 120 幅本白描连环画《西厢记》。1963 年，彩色连环画《西厢记》荣获全国连环画创作一等奖。改革开放后，她开始创作《红楼梦·金陵十二钗正册》人物组画，但仅画出了林黛玉、史湘云、王熙凤等部分人物，1985 年，她带着夙愿未了的遗憾辞世了。

　　1983 年发行的王叔晖原作、刘硕仁设计的《西厢记》特种邮票，共四枚，分别为"惊艳""听琴""佳期""长亭"。这套邮票曾被评为 1983 年最佳邮票之一。2023 年适逢其发行 40 周年，让我们借此回味王叔晖的艺术匠心，重温《西厢记》的经典魅力。

吴裕成为
生肖邮册撰文

► 2022 壬寅年母子虎邮票

　　2022 年,受疫情影响,笔者收到当年的生肖专题邮册时,已经入夏。这本由中国集邮有限公司发行的生肖邮册,名称是《福虎迎祥开嘉岁——2022 壬寅年邮票珍藏》。这本以四轮生肖虎票为主角的邮册,是中国集邮有限公司着力打造的生肖题材系列产品中的最新产品,包括《壬寅年》套票、小版票、大版票、小本票、首日封及个性化邮票等。《壬寅年》特种邮票由当代画虎名家冯大中作画、设计,一套两枚,以器宇轩昂的上山虎形象表现对国家蒸蒸日上的期盼,以温馨祥和的母子虎画面传达对家庭幸福圆满的祝愿。此外,《福虎迎祥开嘉岁——2022 壬寅年邮票珍藏》还印有历代各种以虎为造型的文物,张善孖、齐白石、刘继卣等美术名家的虎画,以及历史上发行的虎票。通过这些内容,不仅营造出喜迎虎年的文化氛围,而且拓展了生肖邮票的文化内涵。这本主题邮册设计精心，图文并茂，颇具收藏和欣赏价值。

值得关注的是，《福虎迎祥开嘉岁——2022壬寅年邮票珍藏》撰文者，是天津著名民俗学者、文史专家吴裕成先生。近些年，吴裕成先生已经多次应邀为中国集邮有限公司发行的不同生肖的邮册独家撰文。中国集邮有限公司发行的邮册，代表中国集邮文化产品的最高水平，广受海内外集邮爱好者喜爱，该公司多次诚邀吴裕成先生为生肖邮册独家撰文，这是天津人为中国邮政事业作出的新贡献，是天津学术研究成果走向全国的一个重要体现，是天津学术文化界值得骄傲的事情。

天津文友之中，我与吴裕成先生闲聊邮票最多。吴裕成退休前长期在《今晚报》做编辑，曾任副刊部主任。他很早就爱好集邮，经过不懈集存，藏品十分齐全。他也喜欢写关于邮票的文章，如果将这些文章搜集编排下来，已经足够出版一本书了。吴裕成性格稳重，做事认真，酷爱读书，执著钻研。他顺应时代文化发展和报纸工作需要，由一名资深的集邮爱好者，逐渐向专家学者转型，在编好副刊之余，从事生肖文化研究和民俗事物解读，出版多部很有价值的著作，其中研究十二生肖与中华文化的著作多次再版，他写的关于门文化、井文化的著作也填补了该领域研究的空白。吴裕成的学术研究成就斐然，影响广泛，使他成为中国民俗学会理事，亦曾任天津市红楼梦研究会副会长。

吴裕成成为学有专长、著述丰赡的专家，早年的集邮经历对他影响很大，长期关注邮票发行动态也对他的研究有所启发。

2014年,笔者发表过《我的集邮小史》一文,其中谈到集邮在人们文化生活中曾经发挥的重要作用:"中国有着几千年的收藏历史,但在我的印象里,直到20世纪80年代,'收藏'这个概念在中国还没有普及。而'集邮'这个词在当时却喊得很响亮,它几乎就是'收藏'的代名词。现在中国的收藏家,差不多有一半曾经是集邮爱好者;而现在中国的民间收藏爱好者,比如收藏钱币、票证的,则大多数都有过集邮的经历。换句话说,集邮是当代中国收藏之母,很多门类的收藏家都是从原来的集邮大军中分化出来的……"我还在文中预见,将来会有一天,历史上发行的邮票不再仅仅是收藏品和观赏品,它们会成为各个学科的研究素材。因为在过去那些图像缺乏的时代,邮票实际上形成了一个极为繁复的图像宝库,各个学科都可以从中搜寻到自己的历史。从吴裕成的经历看,集邮活动不仅训练和培育了众多的收藏家,而且还确实潜移默化地滋养和成就了一些学者。

吴裕成认为,十二生肖是中国一种独特的文化现象。它起源于远古华夏先民的动物崇拜、图腾崇拜,在斗转星移的悠悠岁月里,与天象观测相结合,逐渐形成了十二地支和十二生肖的概念。十二生肖浓缩农耕文明形成的时间、空间序数符号系统及其应用习俗,是一项富有中国特色的宝贵文化遗产。十二生肖也是一种文化载体,其间包含了中国人许许多多的喜怒哀乐与人生梦想。改革开放以来,传统文化的价值重获认可,各类非物质文化遗产的活态传承和保护已成为全社会的共识。十二生肖如沐春风,受到百姓的追捧,并以美好的祝福回馈大众。正因为此,吴裕成致力于书写古往今来精彩的生肖故事，不断地为读者和集邮爱好者献上一道道文化盛宴。

不仅在中国，而且在世界各地，中国传统文化越来越受到重视，其中中国生肖文化人们尤感兴趣。很多国家的邮票公司都发现十二生肖具有特殊的商业价值，发现生肖轮转与邮票发行之间具有天然的同步性和互动性——年年都有贺岁吉祥语，岁岁都做新春吉祥物。因此，每年都有数十个国家和地区在中国春节之前及时推出生肖邮票，占领集邮市场。作为十二生肖的故乡，中国利用发行邮册精确地讲述十二生肖与中华文化的深厚渊源，宣传中华优秀文化的现实价值，自然是责无旁贷。由吴裕成先生这样真正爱集邮、懂邮票的民俗专家来执笔介绍生肖文化，无疑更是中国邮票之幸、广大集邮者之幸。

生肖兔票中的
天津元素

▶ 1987 年、1999 年发行的
《丁卯年》《己卯年》兔邮票

　　十二生肖，是中国民俗文化的典型代表。卯兔，是十二生肖之一。2023 年是农历癸卯年，中国邮政发行的生肖兔邮票选中了 99 岁著名画家黄永玉设计的方案，蓝色小兔形象一经面世，便引来广泛关注，热议不断。至此，中国的兔年生肖邮票已经发行到第四轮。值得回味的是，在以往发行的生肖兔票中，可以发现一些天津元素。

　　1987 年发行的《丁卯年》邮票，全套一枚，邮票的设计借鉴了陕北黄土高原上的剪纸和泥玩具的技法，采用品红、品绿双色填充兔身，清新脱俗，简洁大方，票面上的小兔子形象显得温柔可爱。

　　《丁卯年》邮票的设计者李芳芳在天津生活和工作过，曾在百花文艺出版社、天津人民出版社做编辑。李芳芳生于 1957 年，毕业于中央工艺美术学院书籍装帧艺术系,做过《装饰》杂志美术编辑。她擅长书籍装帧,为天津新蕾出版社出版的《科学家的童年》等图书设计过封面。此外,李芳芳还设计过《一二·九运动纪念亭》邮票。

设计《丁卯年》邮票时,李芳芳遇到了一个难题。因为在第一轮生肖邮票设计中,第一、三、五等单数生肖邮票的底色是带颜色的,第二、四、六等双数生肖邮票的底色则是白色的,而《丁卯年》恰是第八枚,底色应是白色的,但是白兔在白底上怎么设计呢?李芳芳迎难而上,巧妙处理,她并没有使用黑色线条,而是施以逐渐浅淡的灰色铺底,把白兔的形状衬托出来,并汲取剪纸的表现手法把兔子的灵动、纯洁和温顺表现出来,其设计既符合规矩又不落俗套。

1999年发行的《己卯年》邮票,全套二枚。邮票第一图是由天津"泥人张"第四代传人张锠捏制的泥兔改造而来的百花兔匍匐在地的形象。兔子外形饱满,双耳后拢,显得温顺善良,呆萌可爱,反映出中国传统文化独特的形式和风格。邮票第二图的主景图案选自《五体字典》中的草书"兔"字,字形灵秀,尤其是倒数第二笔的弯钩,很有动感,与邮票第一图相配,表现出"静若处子,动若脱兔"的意味。

《己卯年》邮票中兔形象的原创者张锠,1942年出生于天津。他的父亲是"泥人张"第三代传人张景祜。1954年,张景祜从天津调到北京,先后在中央美术学院、中央工艺美术学院(今清华大学美术学院)、北京工艺美术研究所从事教学和创作。张锟也随父亲从天津到北京，后就读于中央工艺美术学院泥塑班，又在北京工艺美术研究所从事创作和研究工作。1979年，张锟考入中央工艺美术学院攻读雕塑专业研究生，后留校从事教学、创作和研究工作。20世纪90年代，他曾先后任中央工艺美术学院装饰艺术系主任、教授，清华大学美术学院雕塑系教授。张锟曾任中国工艺美术学会雕塑专业委员会副会长、中国民间文艺家协会副主席、中国民间文化遗产抢救工程专家委员会委员等职务，获得中国文联"中国民间文化杰出传承人"、文化部"非物质文化遗产保护工作先进个人"等荣誉。他创立了中国民间文艺家协会彩塑专业委员会和中国非遗艺术设计研究院，为中国彩塑事业的复兴与发展作出了巨大贡献。

20世纪六七十年代，张锟参与或独立创作了《白毛女》《红色娘子军》《奇袭白虎团》《火烧望海楼》等作品。像《火烧望海楼》这样的作品，本身就是天津历史题材。张锟曾赴海南、广西、贵州等少数民族地区深入生活，创作了《绘新图》等16组彩塑作品、大型彩塑组雕《文姬归汉》《中国少数民族系列》等。他的作品追求强烈的装饰性和现代感，颠覆了传统的造型观念，确立了结合现代设计艺术的独树一帜的当代"泥人张"艺术风格。张锟晚年的作品逐渐由审美的追求走向文化的追求，他从传统中汲取养分，寻求精神，在本土化创作中建立自身的文化模式。他为2010年上海世博会特制的《盛世中华世博龙》，不仅可作静态展示，还可以用于舞龙和祈福，使人们共同参与到艺术中来。2008年，张锟为北京奥运会创作奥运礼品35件；2022年，他又为北京冬奥会冬残奥会创作了《中俄冰雪情》。2023 年 1 月 9 日，中国当代彩塑的领军人物张锠教授因病医治无效在北京逝世，享年 81 岁。

2011 年《辛卯年》邮票发行，天津邮票公司推出了剪纸首日封，以红色的剪纸兔传递出新年祥瑞的祝福。